オトナ女子の なりたい私をつくる習慣

✦美力アップ　✦自分らしい恋愛

✦仕事のコミュニケーション

✦心のセルフケア

ジュージュー
コロッケ揚がったので出してきますねー
お願いねー
狩谷ゆかり（26歳）スーパーの惣菜売場でアルバイト中
ゆかりちゃんのコロッケ、今日もいい揚げっぷり！
もうベテランさんよねー
このままずっとここにいてほしいわ～
だめよー
アハハ
プルプル
ずっとフリーターでいるつもりもないけど
どうも～
コロッケ 100円
何がしたいかもよく分からないし…
このままでいいのかな…
あはは一
待ってよ～

あっ…あれは…!!
ここ結構うまいんだー
へえーコロッケかわいい♥
田舎から一緒に上京して
1年前に突然私をフった彼
ごめん…さよなら…
最悪…奥に隠れよう…
マミ、ふたつ食べちゃおっかなー
ポンポン
もうお前太るぞー
あっおばちゃーん
揚げたてある?
グサッ
たっくんあのお魚こわーい
あはは
ゆかりちゃーん
……
仕事終わったらスーパー銭湯いかない?
今日でポイントたまるのよー
私…このままはイヤ!!

もくじ

第1章　毎日キラキラ習慣

第2章　美力アップ

第3章　コミュニケーション

第4章　ココロケア

第5章　夢をかなえる

人物紹介

狩谷 ゆかり（26）

フリーター。だらだら過ごしていたが、このままではダメだと一念発起する。料理は得意。

天野 晴美（40）

食品会社で働くキャリアウーマン。趣味も多くアクティブな性格。年下の夫と２人暮らし。

白木 美穂（26）

ゆかりの高校時代からの友人。以前は小悪魔テクを使うモテ子だったが、今は彼氏一筋。

北原 由紀子（35）

食品会社で働く事務系OL。ほとんど声を発することはなく、淡々と仕事をこなしている。

南田 香（40）
南田 淳（42）

香はカレー屋を営み、夫の淳もそれを支えている。面倒見がよく、客の相談にのることも多い。

小泉 洋平（29）

晴美の夫の後輩。平日は仕事、週末はラグビーと充実した日々を送る。温厚な性格の好青年。

第1章　毎日キラキラ習慣

毎日の習慣を少し見直せば

体も心もイキイキ。

なりたい自分の基本はここから始まる！

その後
一念発起した私は
ゆかりちゃん!!
お世話になりました!
4年間の
フリーター生活に区切りをつけ
派遣社員として
食品会社で働くことに
ここかー
○×フーズ
デスク
パソコン
電話…
これぞOL♥
まずは
コミュニケーションよね
北原さんって
この会社何年くらいですか?
……
あっ…
きれいなオフィスですよね
惣菜屋に
いたので
油がないだけで
私には新鮮で…
……
カタ
カタ

あれ？何か失礼なこと言ったかなぁ…
オドオド
みんな注目〜！
今日から新しい営業部長が着任します
さあさあこちらへ
本社から異動になりました天野晴美です
パアアアア
みなさん一緒にがんばりましょう！
まぶしいっ!!
スチャ
ある日
マスク＆眼鏡ですっぴん隠し
寝坊したーぎりぎりセーフ！
あら風邪？
いえ
ねむい…

長年のぐうたら生活の代償は大きいな…
惣菜屋時代のゆかりの1日
12:00
起床
カップラーメン食べる
CUP
13:00-22:00
バイト
23:00
残り物&ビール
24:00-27:00
ネットとTV
なんでやねん
昼休み
狩谷さん！
ハッ
あっ今コロッケ揚がり…
コロッケの夢？これどうぞ
えっ私に？
コーヒー
どうしたの？寝不足なの？
なかなか起きられなくて…
どうしたらいいものか…
私は5時に起きてるわ
えーっ

ちょっとしたコツで目覚めを促すことができるの
すっきり目覚めるコツ
起きたら光を浴びる
メラトニン(睡眠ホルモン)の分泌が低下し、目覚めモードに。
小さな音で
音楽を流す
起床30分前から流れるようにタイマーをセット。
ローズマリーやペパーミントが目覚めに効果的
アロマを活用
無水エタノール(5ml)に精油(10滴)を入れ、精製水(45ml)で薄めたものを部屋にスプレーして。
低血圧の人におすすめ
体温を上げる
ストレッチや温かい飲み物で体や脳の働きを活発に。
おいしい朝ごはんを用意するのもおすすめ
それいいかも
そうだ 睡眠サイクルは知ってる?
睡眠の深さには波があるの

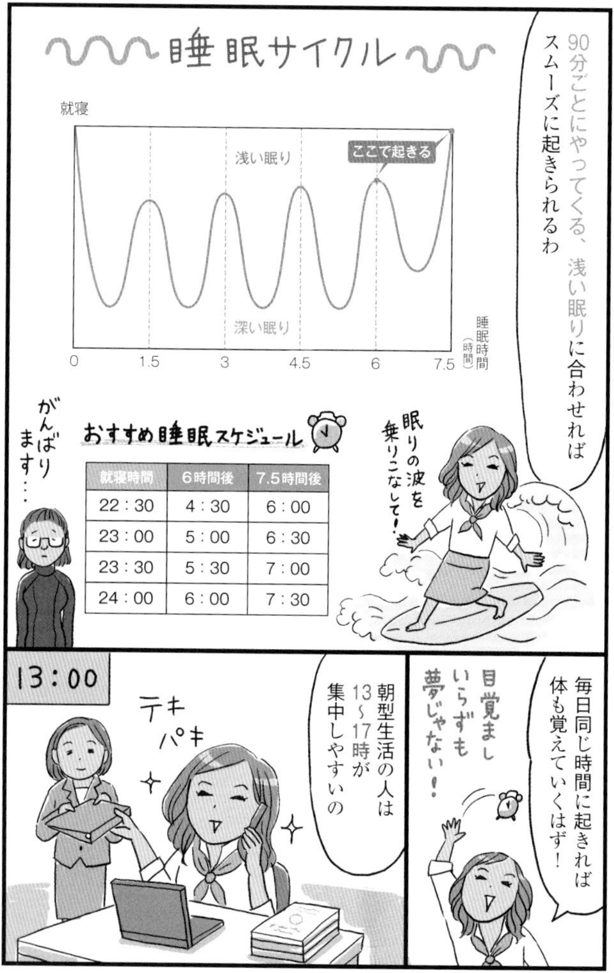

就寝時間	6時間後	7.5時間後
22：30	4：30	6：00
23：00	5：00	6：30
23：30	5：30	7：00
24：00	6：00	7：30

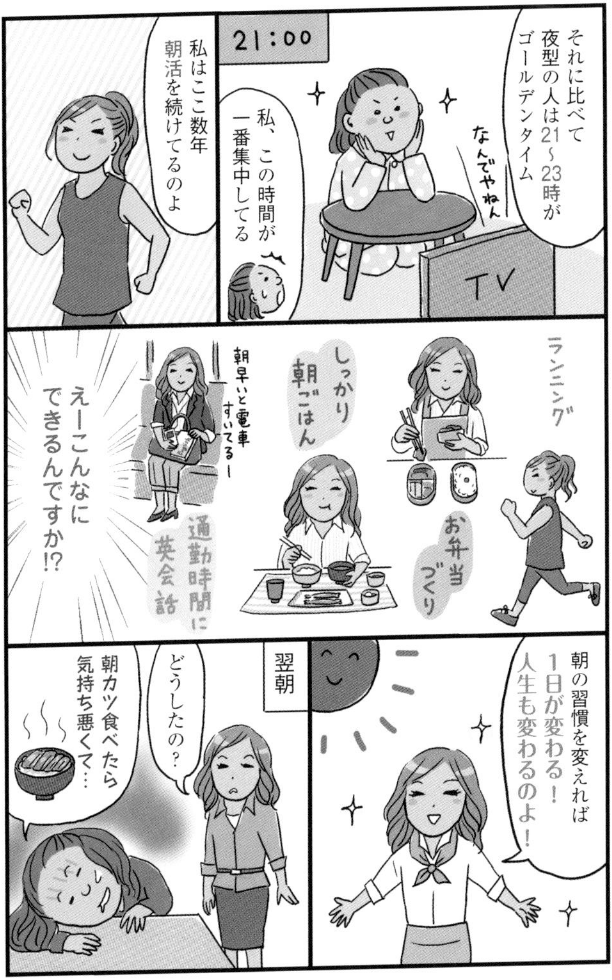

それに比べて夜型の人は21～23時がゴールデンタイム
なんでやねん
TV
21:00
私、この時間が一番集中してる
私はここ数年朝活を続けてるのよ
ランニング
お弁当づくり
しっかり朝ごはん
朝早いと電車すいてるー
通勤時間に英会話
えーこんなにできるんですか!?
朝の習慣を変えれば1日が変わる！人生も変わるのよ！
翌朝
どうしたの？
朝カツ食べたら気持ち悪くて…

朝習慣

朝習慣を整えて ハッピーな1日をつくる

朝なかなか起きられない人はまず、すっきり目覚めるコツ（↓P13）を取り入れてみて。起きてすぐにバリバリ活動するのもいいですが、ゆったりと気持ちよく過ごすことも充実感アップにつながります。好きな本を読んだり、趣味のブログの更新、前日に楽しかった出来事を書きとめるなど、ハッピーな気持ちで1日をスタートさせましょう。

目覚めと体温

目覚めのよさと体温は大きく関係しています。朝起きてすぐの体温が平均36．2℃以下だと目覚めづらく、すぐに行動すると体に負担がかかります。簡単なストレッチをしたり温かいものを食べたりしてゆっくりと体温を上げ、目覚めを促しましょう。

寝たままの状態で
婦人体温計でチェック

目覚めには白湯《さゆ》

起き抜けに白湯を飲むと、体温が上がって体が活動モードになるだけでなく、老廃物の排出効果も。水（浄水器を通したもの）をやかんで強火にかけ、沸騰したら、ふたを取って弱火でさらに10分間沸騰させます。火を止め、50～60℃くらいに冷ませばできあがり。

カップ１杯を５分くらい
かけてゆっくり飲んで

目覚めのストレッチ

ベッドの上でできる簡単ストレッチで体温をアップさせて。

足持ち上げ

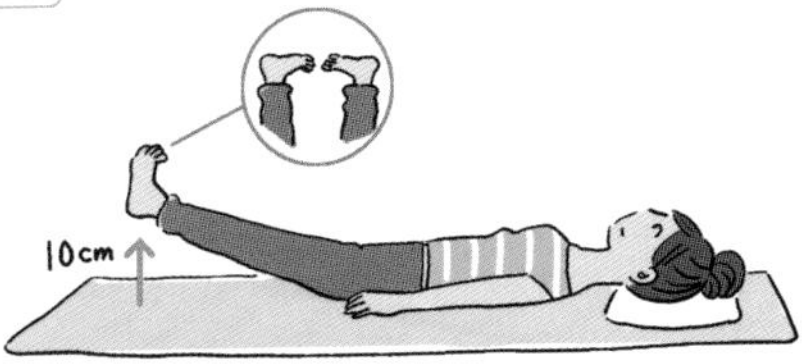

ベッドの上に仰向けになり、つま先を内側へ向ける。
足を付け根から 10cm 程度持ち上げ5秒キープ。3回繰り返す。

背中伸ばしストレッチ

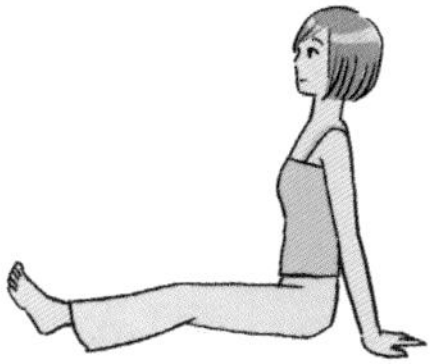

❶に戻して5回繰り返す

❶ 肩の力を抜き、両足を伸ばして座る。

❷ 両つま先を持ち、ひざを横に開きながらつま先を胸の方へ引きつけ、上体を前に倒す。20秒キープ。

朝のストレッチは自律神経を働きを高め、目覚めに効果的です。ただし激しい運動は逆に眠気を誘うこともあるので注意しましょう。

目覚めサポート栄養素

目覚めをよくするためには朝食も大切。食材選びにも気をつけてみて。

たんぱく質	体温を上げる栄養素。基礎代謝（→ P56）もアップ。 おすすめ食材：大豆製品、魚、卵、乳製品
トリプトファン	セロトニン（下記参照）のもとになる必須アミノ酸の１つ。 おすすめ食材：バナナ、乳製品、大豆製品
ビタミンB_6	トリプトファンと合成し、セロトニンをつくる。 おすすめ食材：バナナ、玄米、鮭、アボカド
ビタミンE	血行促進効果や抗酸化作用（→ P74）がある。 おすすめ食材：アーモンド（無塩、素焼きのもの）

セロトニンとは脳の神経伝達物質で、目覚めや精神の安定を促す作用があります。夜はメラトニンという物質に変わり、睡眠を促進。

セロトニン活性朝食メニュー

どうしても時間がないときは、バナナと牛乳だけでも OK ！

玄米にするとさらに◎

和食

納豆や豆腐など、大豆製品をたっぷりとるのがおすすめ。

豆乳で大豆補給も

洋食

牛乳、チーズ、ヨーグルトなど、乳製品や卵をバランスよく。

おすすめ朝習慣

自分の生活の中で取り入れられそうなものから始めて。

今日は10時から会議で…
その日にできそうな目標を
立てると1日が充実！

ひとりミーティング

その日の予定を確認したり、やるべきことを手帳に書き出してみて。将来設計を立てるのも◎。

P143も
参考に

ちょこっと掃除

部屋やキッチン、トイレなど、曜日を決めて少しずつ掃除すれば、いつもきれいな空間に。

シェア
しとこー

ネットで情報チェック

ニュースサイトや新聞の電子版で情報をチェック。興味のある記事をSNSでシェアすれば、自分でも後で確認しやすくなります。

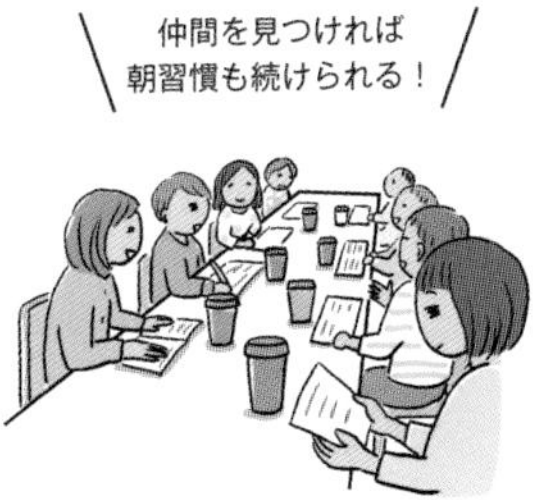
仲間を見つければ
朝習慣も続けられる！

朝サークルに参加

アドレナリンの分泌量が増え、ひらめきがアップする朝は、暗記よりもアウトプットがおすすめ。勉強会などに参加して情報交換を。

オフィス習慣

段取りとリフレッシュで仕事の効率アップ！

集中力が続かなかったり、慣れたルーティンワークをだらだらしてしまうという人は仕事の効率アップが必要。段取りを整えて仕事をスピードアップさせましょう。仮眠やストレッチでリフレッシュすれば、集中力を持続させることができます。

効率アップの整理術

机周りの整理は仕事の効率アップの鍵。基本的に机の上に置くのはパソコン、電話、ファイル立てだけにするのがおすすめ。ものを探す時間が省け、作業スペースも確保できます。終業時には、もとの状態に戻すよう心がけて。

引き出しの中はよく使うものを手前に整理！

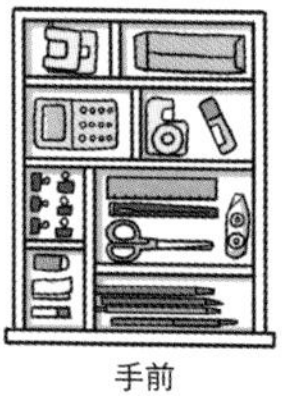

簡単リフレッシュ

昼休みに15分の仮眠をとって、午後の仕事の効率アップを。仮眠前にコーヒーを飲むと寝過ぎ防止に。また、リフレッシュにはアロマもおすすめ。肌につけるタイプのものなら、香りが広がりすぎず、周りの人に迷惑がかかりません。

仮眠の際はアラームを忘れずに

To Do リストのつくり方

毎朝 To Do リストをつくれば段取り上手に！

付せんに書いて見えるところに貼っておくと◎

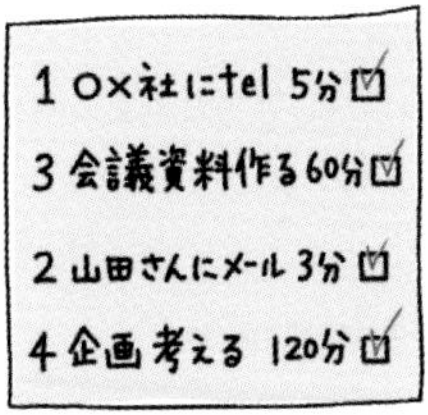
1 ○×社にtel 5分
3 会議資料作る 60分
2 山田さんにメール 3分
4 企画考える 120分

❶ やることを書き出す

❷ 優先順位をつける

締切から逆算して順番をつける。

❸ 目安の時間を記入

仕事のスピードアップ効果あり。

❹ 終わったらチェック

達成感を味わえ、やる気アップ！

オフィスでプチストレッチ

デスクワークは体がかたまりがち。1 時間に 1 度は体をほぐす習慣を。

背中・首ほぐし

胸を張り、頭の後ろで手をクロスさせて二の腕を持つ。左右交互にゆっくり横に倒す。3 回繰り返す。

きれいなデコルテをつくる効果も

肩・首こり防止ストレッチ

両手をクロスし鎖骨の上にのせる。あごを上げながら両手は首の皮を下に引くイメージで 10 秒キープ。3 回繰り返す。

コラム　スキマ時間を活用する

スキマ時間の活用で効率アップ！　楽しみながらやりましょう。

✳スキマ時間はここにある

朝

・家を出るまで
・電車の待ち時間
・電車、車の中
・始業前

昼

・昼休み
・仕事の合間の休憩

夜

・電車の待ち時間
・電車、車の中
・入浴中
・寝る前

テレビを見ながら
ストレッチ！

✳スキマ時間活用リスト

1分

□ 深呼吸をする
□ 正しい姿勢にする（→ P53）
□ ベッドを整える
□ オフィスでストレッチ（→ P21）
□ ちょっとした掃除をする(→ P143)
□ かばん、ポーチの中を整理する
□ デスクをさっと拭く
□ 不要なレシートを捨てる
□ 植物に水をやる

ハンドクリームを塗って
女子力をアップさせる！

5分

- □ メイクの時間を5分長くとる
- □ 丁寧にお茶をいれる
- □ スマホのアドレス帳を整理する
- □ To Do リストをつくる（→ P21）
- □ PC のデスクトップを整理する
- □ 本の気になる部分を拾い読み
- □ 料理の下ごしらえ
- □ 簡単筋トレ（→ P58 ～）
- □ 床の掃除をする
- □ 睡眠前にストレッチ（→ P28 ～）
- □ 瞑想をする（→ P146）
- □ 自分をほめる（→ P130）

お風呂でマッサージも

15分

- □ 時間を決めて家事をする（→ P25）
- □ ブログ、日記を書く
- □ 仮眠をとる（→ P20）
- □ 古くなった服や下着を処分する
- □ お弁当をつくる
- □ 1駅歩く
- □ 勉強中の問題集を解く
- □ 雑誌の気になる記事を切り抜く
- □ 1週間のタスクを整理（→ P177）
- □ カフェで気分転換

ラジオの語学講座も
15分で1講座聴ける！

夜習慣

ゆったりした時間で心と体のリラックスを

1日の疲れはその日のうちに解消させて、新しい朝を迎えたいもの。夜は体にやさしい食事や入浴でリラックスを心がけて。また、趣味や勉強などは、少しずつでも毎日行えば、大きな成果につながります。夜の過ごし方を見直し、充実した時間を過ごしましょう。

残業後の夕食

夜遅くの食事は、翌朝の胃もたれや太りやすさのもとに。21時以降は、温かいスープなど脂質を抑えた温かい食事を心がけて。時間がないときは、鰹節・刻んだ梅干し（1個）・しょうゆ少々・砂糖ひとつまみに熱湯を注ぐだけの簡単スープがおすすめ。

鰹節のうま味で
満足感アップ

日中の疲れ目を解消

1日中パソコンやスマホの画面を見ている生活は疲れ目の原因に。そのままにしていると肩こりや頭痛にもつながるので、こまめなケアを心がけて。ぬるめのお風呂に浸かり、ホットタオルを目に当てると血行がよくなり、リラックスできます。

首をそらすと
目への血流アップ

夜時間活用アイディア❶ 時間活用編

帰宅後の夜時間をうまく使えば、1日の充実度がさらにアップします。

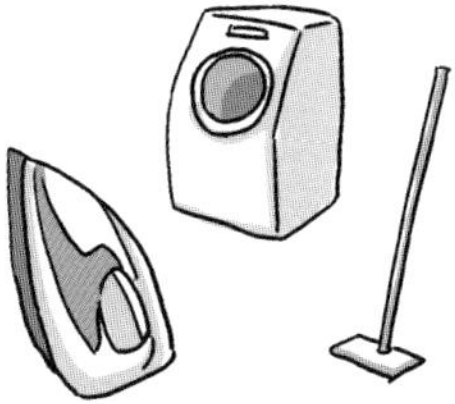

15分の家事で週末にゆとりを

週末にまとめて家事をすると半日以上つぶれてしまうことに。毎日少しずつ片付けていきましょう。

寝る30分前までには
終わらせてリラックスを

じっくり勉強

夜は暗記したり、じっくり考えたりするのに◎。翌朝に復習すると、記憶が定着しやすくなります。

夜時間活用アイディア❷ リラックス編

心地よい睡眠に向けて、心と体をリラックスさせましょう。

自分と向き合う時間をつくる

ゆっくりと1日を振り返ることも大切。よかったことを思い出して、翌日を前向きに迎えて。

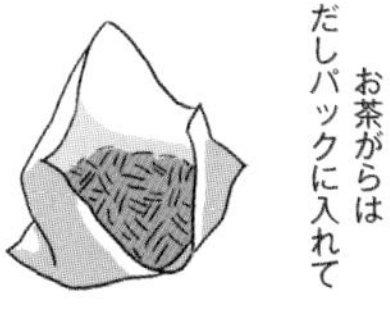
お茶がらは
だしパックに入れて

美肌をつくるバスタイム

身近な素材を入浴剤に使うのもおすすめ。ゆずやレモンの輪切り、緑茶の茶がらは美肌効果も。

睡眠習慣

眠りの環境を整えて質のよい睡眠を

　しっかり寝ているつもりでも疲れがなかなかとれない人は、睡眠の質が落ちているのかも。部屋の環境を整える、睡眠を妨げる習慣をやめるなどして、快眠を促しましょう。質のよい睡眠は成長ホルモンの分泌を促し、健康面や美容面で嬉しい効果も！

睡眠を誘うホルモン

　睡眠を誘うホルモン・メラトニンは、強い光を浴びると分泌が抑えられ、睡眠リズムの乱れを起こします。そのため就寝1時間前から部屋を暗めにし、パソコンやスマホの使用は避けましょう。逆に、朝は日光の強い光を浴びると体内時計がリセットされ、目覚めを促します。

スマホから出る
強い光は
睡眠の大敵！

ハーブティーで快眠

　就寝前はノンカフェインでリラックス効果もあるハーブティーを飲むのがおすすめ。不眠に効くといわれるカモミールティーに温めた豆乳を入れれば、女性ホルモンの分泌もよくなります。就寝30分～1時間前に飲むと心地よい睡眠を促します。

パッションフラワーや
レモンバームも
安眠効果あり

睡眠の質を高めるコツ

睡眠の質を高めることで、成長ホルモンの分泌を活発にさせましょう。

熱いお湯は
睡眠の妨げに

入浴はぬるま湯に

38 ～ 40℃のお湯に 10 ～ 20 分浸かると、入浴後に体の熱が放出され快眠を促します。入浴後は 1 時間以内に就寝を。

タオルを首に巻いて
寝るのも◎

首元を温め、血流アップ

首元は短時間で温度を感じやすい部分。就寝 30 分前からネックウォーマーなどで温め、快眠につなげましょう。

眠りの環境を整える

室温は 25℃前後、湿度は 50％以上がベスト。エアコンをかけっぱなしにすると乾燥するので、タイマーを活用して快適に。

冬は加湿器を
利用して

成長ホルモンの効果

- 肌あれ改善
- 風邪をひきにくくなる
- イライラしにくくなる
- やせやすくなる
- アンチエイジング効果
- やる気が高まる
- ストレスに耐えられる

コラム　睡眠前の簡単ストレッチ

寝る前のストレッチも睡眠を促します。血流がよくなると老廃物の排出がスムーズになり、疲労回復につながります。

✳ 肩まわし

足を軽く開いて立つ。両ひじを肩の高さに上げ、前に５回、後ろに５回まわす。

ゆっくりまわして
血行促進を

✳ お腹伸ばし

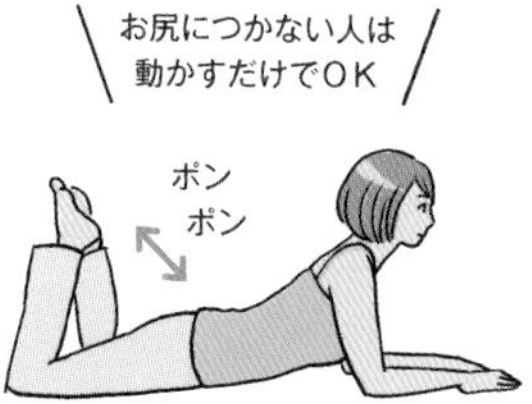
お尻につかない人は
動かすだけでOK
ポン
ポン

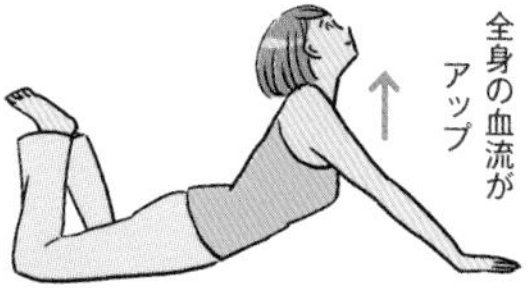
全身の血流が
アップ

❶ うつ伏せになり、ひじを床につけて上体を起こす。腰幅に足を開き、ひざを曲げて左右のかかとでお尻を交互に叩く。

❷ ゆっくり息を吸いながら腕を伸ばし、吐きながらあごを上げて天井を見る。腰を反らしすぎないよう注意。

✳ お腹ねじり

左右5回繰り返す

❶ 仰向けに寝てひざを立て、手を広げて全身の力を抜く。

❷ 左足を右足の上にのせ、息を吐きながら右に倒す。気持ちよく感じるところで呼吸をしながら数秒キープし、ゆっくり❶に戻す。

✳ 足首まわし

左足の太ももを左腕で支え、足の指に右手の指をからめて足首を10回まわす。反対の足も同様に。

寝る前は腹式呼吸もおすすめ。ベッドに横になって口から長めに息を吐き出し、息を吐いたときの半分程度の長さで鼻から息を吸います。自然に副交感神経優位の状態になり、心地よい眠りにつく準備ができます。

定例女子会
おつかれー
新生活はどう？
順調だよ！
美穂は資格
とるんだっけ？
白木美穂（26歳）
ゆかりの高校時代
からの友人
あっ…それ…
実は…
通信講座のパンフレット
取り寄せて…
ネイリスト
カラー
コーディネート
英会話も
いいし…
決められない！
資格で
人生
かわる！
色々テキスト
買っちゃったんだけど…
うーむ
どれも続かなくて
悩んでるの
私って
何がやりたいんだろう…
ポロリ
あらあら
どうしたの？
ナン
たべる
？
香さんはカレー屋さんが
夢だったんですか？
そうね それで
インド留学したの
すごーい!!

こんばんわー
ガチャ
部長!?
あら
あなたも？
とりあえず
ナンとビールね
香とは昔からの親友なの
へー
そうなん
ですかー
青春を謳歌したわね
部長！この子の悩み
聞いてもらえますか？
おねがい
します
ここで
"部長"は
やめてね
そもそも
なぜ資格を？
30歳までに
資格を取った
方がいいって
雑誌で見て…
うーん…漠然とした目標は
モチベーションが続かないわ
何となく
やせたい
そのうち
転職
いつか
結婚
雲を
つかむような話ね
自分とかけ離れた
大きすぎる目標もNG
年収1億円で
10カ国語
話せる
社長になる!!
しかも女優♥

まずは自分の「なりたい像」を書き出してみましょう
モデルになる人を作ってもいいわね
note
えーっと…将来は子どもを生んで、家で仕事できたらいいな
そっか！それに必要な資格を探せばいいんだ！
へー
それから具体的な行動に移すの 最初は小さな目標から始めて「達成グセ」を身につけて
達成感を味わえる目標の立て方
3ヵ月程度の期間に設定
3ヵ月で −3kg
毎日少しずつできる行動に
1日 2ページ
問題集
最初の行動は低めのハードルに
1駅歩く
目標には数字を入れるのがポイントよ

できたかどうか
毎日振り返るのも大切
できた!
Calendar
小さな目標でも
達成感が味わえますね
でも
できなかった日は…
自分を罰するんですか!?
ドドドドドド
ナムアミダブツ…
まさか…
自分に
厳しすぎるのは
よくないわ
さあ
体を拭いて
完璧を求めすぎると
挫折しやすいの
楽しみながら
やりましょ
ごほうびとかね
キラーン
翌日
目標を
立てる前に
ごほうび用意
しましたー
MANGA

やる気アップのコツ

小さな達成感を集めてモチベーションアップ！

毎日の仕事にやる気が出ない、やると決めたことなのについ先延ばしにしてしまう…。そんな自分を意志が弱いと責める前に、少し考え方や行動を変えてみて。なりたい自分のイメージを持ち、小さなことでも達成感を積み重ねれば、モチベーションアップにつながります。

目標はポジティブに

やろうと決めたことがあるのにだらだらしてしまう人は、なぜそれをやる必要があるのか、目的をもう一度見直してみて。「こんな自分が嫌だから○○する」のような自己批判に基づく目標は、自分にストレスを与えるだけで逆効果。自分はどうなりたいかという、ポジティブなイメージを持って目標を決めれば、モチベーションを高め、前向きに行動することができます。

ストレスとやる気

ストレスがたまると、意志をコントロールする力が弱まり、やる気の低下に。心のセルフケア（→Ｐ１４４）で普段からストレスをためないようにしましょう。仕事中にどうしてもやる気が出ないときは、ゆっくり呼吸するだけでもストレスの緩和になります。

やる気が出ないときの切り替え術

どうしてもやる気が出ないときは、気持ちや行動の切り替えが大切。

簡単にできることをする

まずは簡単なことや好きなことから始めて。取り組みやすいことなら気持ちがのり、その後の作業もはかどります。

優先順位をつける

その日にやる必要があることを優先し、その他は翌日にまわしましょう。あれもこれもと考えると目標が定まらず、やる気低下に。

周りの人の手助けをする

周りの人の力になることで、役に立てた喜びや、達成感が得られ、「私にもできる！」とやる気が高まります。

受け身をやめてマンネリ脱出

仕事などで、いつも受け身でいると、慣れとともにマンネリ化しがち。積極的に新しいことにチャレンジするよう心がけて。

続けるコツ

三日坊主を卒業するには習慣化がポイント

ダイエットや資格の勉強など、続けたいことがあったらまずは毎日5分でも行動してみることが大切。はじめは慣れなくても、歯磨きや顔を洗うのと同じように、習慣として1日の生活に組み込まれ、無理なく続けられるようになっていきます。

生活に組み込むには

何か新しいことを始めるときは、具体的にいつ、どこでするかを決めるのがポイント。毎日の予定の中に組み込むことで習慣化しやすくなります。また、いきなり色々なことをやろうとすると、生活の変化が大きすぎて自分がついていけなくなることも。まずは小さな目標1つから始めましょう。

挫折しないためのコツ

「〜しなければいけない」と自分を追い込んだり、目標を100%達成しようと完璧主義になると挫折の原因に。毎日できる簡単なゴールを設定したり、できなくても「まあいいか」という気持ちでいる方が長く続けられます。

行動を習慣に変える方法

自分に合った工夫でやる気を高め、楽しみながら続けましょう。

ネットや漫画など
気が散るものは
片付けて
amozon
Fashion

環境を整える

何かをするときに気を取られるものは、目につかないところに片付けて。それらを達成したときのごほうびにすればやる気もアップ。

ここだとはかどるー

楽しく続けられる工夫をする

音楽を聴きながら運動、お気に入りのカフェで勉強など、楽しみ方は人それぞれ。色々試して自分に合った方法を探してみましょう。

申し込み完了！

行動が必要な予定を入れる

試験の申し込みやレッスンの予約など、ある程度強制力のある予定を入れるのも◎。また、仲間をつくると習慣化しやすくなります。

私、朝活始めました！
大きすぎることを言うと負担になるので注意

周りに宣言する

ある程度行動が続いたら、周りに自分のしていることを宣言してみて。周りの人が知っていることで、続けようとする意欲がアップ！

続けるコツ❶ 資格勉強

試験の日から逆算したスケジュールに合わせてコツコツ習慣を。

家用
携帯用

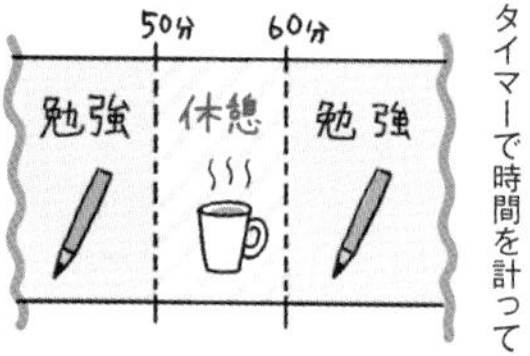
50分
60分
勉強
休憩
勉強
タイマーで時間を計って

問題集はコピーを持ち歩く

問題集やテキストは家に置き、必要な部分だけコピーして持ち歩きましょう。かさばらず、スキマ時間にすぐ取り出せます。

時間を細切れにして勉強

40 ～ 50 分勉強したら、区切りが悪くても 1 度休憩をとりましょう。時間を区切ることでだらだら防止＆集中力アップに。

続けるコツ❷ 貯金

余ったお金を貯金にまわすのは NG！ 目的を持てば貯金も楽しみに。

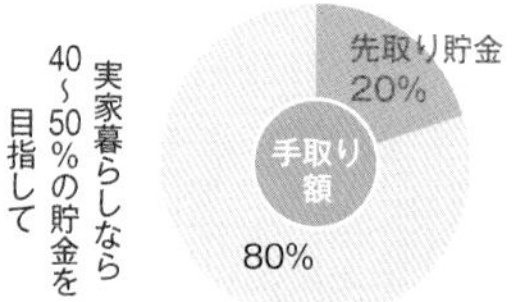
実家暮らしなら
40～50%の貯金を
目指して
先取り貯金
20%
手取り額
80%

先取り貯金

給料が出たら、手取り額の 20% くらいをまず貯金にまわして、残った額の中でやりくりを。お金を確実に貯められます。

貯金する目的を楽しくイメージ

目的を「見える化」すればモチベーションアップにつながります。欲しいものや憧れの家などの写真をいつも見える場所に置いて。

続けるコツ❸ 日記

日記をつけるのは心のケアにも効果的（→ P137）。無理なく続けて。

切り抜きやイラストで楽しさアップ！

パソコンの起動中に日記を書く！

ノートは小さめのものを使う

いきなりたくさん書こうとするとハードルがあがって挫折のもとに。小さなノートを使えば無理なく続けられます。

ノートの置き場所を変える

待ち時間が起こりやすいもののそばに日記帳を置くと、自然に日記をつけるモードに。いつも目につくところに置いておきましょう。

続けるコツ❹ ダイエット

20 ～ 30 代は無理なダイエットは厳禁！　賢く食べる習慣を。

ビールは
500ml → 350ml で
マイナス 80kcal ！

マイナス 80kcal から始める

ご飯を小盛りにしたり、マヨネーズを大さじ 1 カットするだけで 80kcal は簡単に減らせます。毎食続ければ、後々大きな結果に。

女子会はランチを提案

夜の飲み会はアルコールや揚げ物など高カロリーな食事になりがち。ランチなら寝るまでにカロリー消費もできるので一石二鳥。

コラム　続く！　お弁当習慣

健康にもお財布にもやさしいお弁当生活。週１回から始めてみて。

✳ お弁当の基本

何品つくればいいの？

主菜１品＋副菜２品＋ご飯が基本。作り置きや時短レシピ、便利な調理器具を活用して。

冷めてもおいしくするには？

しっかりした味付けをすると冷めてもおいしく食べられます。下味をつけたり、たれをからめたりすると◎。

手早くつくるには？

週末にまとめて下ごしらえをしておくと朝の調理の時短に。小さなフライパンを使うと火の通りが早いのでおすすめ。

電子レンジを同時に使えば
下ごしらえや調理も早くできます

保温も保冷もできる
魔法瓶があると便利

✳ 季節ごとのアイディア

夏

食中毒を避けるため、保冷剤を入れるなどの工夫を。枝豆やトウモロコシを茹でて冷凍させたものを入れても保冷効果があります。

冬

スープ用の魔法瓶があると温かいランチが食べられます。夕食時に多めにつくっておけば、時間のない朝でも温めて注ぐだけでOK。

✳時短レシピ

主菜

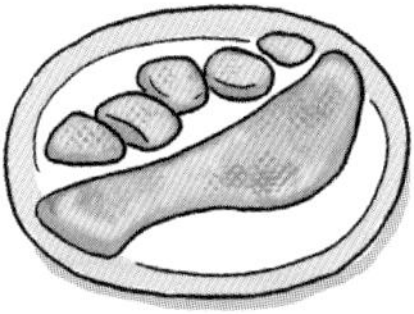

鮭のマヨネーズ焼き

塩・こしょうをふった鮭（1切れ）にマヨネーズを塗る。アルミホイルにのせ、オーブントースターで約10分加熱する。

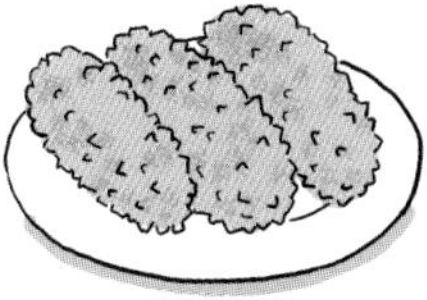

鶏肉のパン粉焼き

そぎ切りにした鶏むね肉（1/2枚）、塩・こしょう少々、マヨネーズ（小さじ1/2）をポリ袋に入れてもみこむ。さらにパン粉（大さじ3）と粉チーズを加えた後、油をひいたフライパンで両面焼く。

副菜

中にチーズを入れても◎

かぼちゃの茶巾

冷凍かぼちゃ（3切れ）を電子レンジで約2分加熱し、皮を取ってボウルでつぶす。砂糖と牛乳（各小さじ1）を加えた後、ラップでくるんで形を整える。

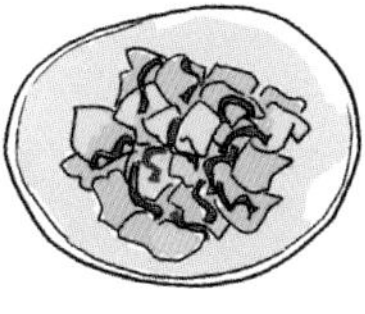

キャベツの塩昆布あえ

食べやすくちぎったキャベツ（1枚）をさっと濡らして耐熱容器に入れ、ラップをかけ電子レンジで約1分加熱。水気をしっかり絞り、ごま油、塩昆布（少々）であえる。

集中力アップのコツ

脳を上手に休ませて集中力をキープ

個人差はありますが、集中力を保ちながら作業ができるのは約1時間。そのため1時間を目安に休憩をする、他の作業をするなどして、いったん脳を休ませると、再び集中して作業に取り組むことができます。集中力を高める環境づくりや食事を取り入れ、効率的に作業ができるようにしましょう。

集中力が上がる環境

まずは気を散らすものを周りから取り除きましょう。集中力を高める効果のある水色の小物を使うのもおすすめ。雑音が気になるときは環境音楽（森や水の音）をかけると効果があります。また、チョコレートの香りも集中力を高めるので休憩用に用意しておくと◎。

休憩には
ココアも
おすすめ

脳と筋肉の関係

筋肉を鍛えると脳に情報を送る力が強くなり、脳の活性化に。筋トレ（↓P58）を取り入れてみて。また、血行がよくなると脳が覚醒するため、集中できないと感じたら、軽くストレッチをしたり、少し歩いてみるとよいでしょう。

＼立って書類を読むと
集中力アップ！／

集中力アップのツボ

オフィスでも簡単にできるツボ押しで集中力を持続させて。

親指から小指まで
強めに押して

指先のツボほぐし

指の爪の生え際を左右から挟むように押す。その日やることを考えるなど、頭を使いながらツボをほぐすとさらに脳が活性化！

両手のひらでゴルフボールを挟んでごろごろ転がすのもおすすめ。心が落ち着き、集中力が高まります。10分ほど続けてみて。

集中力アップレシピ いわしの蒲焼き丼

青魚に含まれるDHAで脳の働きを活性化！

材料（1人分）

- イワシの蒲焼き（缶詰）…1缶
- ご飯…茶碗1杯分
- しめじ…1/4パック
- ねぎ、ショウガ…少々
- 酒…大さじ1
- しょうゆ…小さじ1
- 大葉…1枚
- 白いりごま…少々

作り方

1. イワシは身と汁に分ける。しめじは石づきを取ってほぐし、ねぎは輪切り、ショウガは粗いみじん切りに。
2. 鍋にしめじ、酒を入れさっと炒める。ねぎ、ショウガ、缶詰の汁、しょうゆを加え、一煮立ちさせる。
3. ご飯の上にイワシの身をのせ、2のたれをかける。せん切りにした大葉と、ごまを散らす。

ご飯を玄米にすると
さらに効果的！

コラム 曜日別☆キラキラ習慣

曜日ごとのテンションアップ方法を取り入れて充実した毎日を。

月曜日

早めに出社

気乗りしない月曜こそ早く出社して仕事モードにシフト。ラッシュ時間を避ければイライラも減少。

夜は予定をつめこまない

なるべく予定を入れず、家でリラックスタイムを。時間をかけてお風呂に入るのも◎。

火曜日

お弁当を持参する

パワーがまだある火曜はお弁当をつくり、外食で不足しがちな野菜を食べるように心がけて。

水曜日

寄り道で中だるみ防止

ノー残業デーの会社も多い水曜日。書店に寄り道したり、異業種の友人と会ってリフレッシュを。

木曜日

しっかり朝食をとる

1週間で最も疲れが出やすい日。栄養たっぷりの朝食でエネルギーを補給して。

CINEMA
今日は帰りに映画！
自分にごほうびを用意して
やる気をアップ！

金曜日

ストレッチで集中力アップ

目覚めのストレッチ（→ P17）でシャキッと起き、集中力を高めて気持ちよく1週間の仕事を締めくくりましょう。

土曜日

いつも通り起きる

なるべく平日と同じ時間に起きる習慣を。平日にこまめに家事をしていれば（→ P25）、1日フルで活動できます。

ボディメンテナンスも
忘れずに
Zzz

日曜日

寝る前に翌朝の準備を

翌朝の服を用意したり、天気予報をチェックするなど、月曜をスムーズにスタートできる準備を。

第2章　美力アップ

ぽっちゃりボディや顔のゆがみ……
外見のコンプレックスを
上手に解消していきましょう

会社
1時間も早く着いちゃった!
♪〜
部長!
みんなの机拭いてくれてる…
あっ おはよう!
私もがんばらなきゃ!
狩谷さん!
じーっ
あなた猫背よ!
これ見てみて
えー!?
これが私!?
しかも
このにおい
もしかして…
ばれました?
むわ〜ん
実は肩こりが
ひどくて…
サロン●ス

それもきっと猫背のせいだわ 他に思い当たる不調はない？
猫背が原因の不調
肩こり
首こり
腰痛
頭痛
目の疲れ
冷え
胃もたれ
生理痛
慢性疲労
肌あれ
・・・などなど
ネガティブ思考にもなりやすいの
私ほとんど当てはまってる気が…
……
プル
プル
まずは日常のNG習慣に気をつけてみて
×机にひじをつく
×いつも同じ手でかばんを持つ
×横座り
ハイヒールも猫背になりやすいから気をつけてね
北原さん！
実はおしゃれさん!?
よく見たらステキな靴！
今日はみんなでヨガに行くわよ！
北原さんもね
ビクッ

仕事後
いつものカレー屋さん？
いいからいいから
いらっしゃーい今日はみなさんご一緒ね
私は香にヨガを習い始めてから姿勢がよくなったの
さすがインド仕込み！
ではヨガの腹式呼吸から始めましょう
鼻から吸って鼻から吐く
両手をお腹に当てて動きを感じるようにね
ゆっくりした深い呼吸は血行の促進や姿勢の改善効果があるの
ストレスも軽減するわ

基本的なヨガのポーズをやってみますね
三日月のポーズ
背骨や骨盤のズレを整える。
血流がよくなり、肩・首・背中の疲れも解消。
前かがみにならないように
❶足を揃えてまっすぐ立つ。両手は胸元で合掌し、おへその下に力を入れる。
❷息を吸いながら両手を頭の上に。指先を上に引き上げて、腕をまっすぐ伸ばす。
❸吐きながら左に体を倒し、そのままゆっくり腹式呼吸を５回繰り返す。反対側も同様に。
簡単なポーズから始めていきましょう
あらっ あなたは上級者？
北原さんっ⁉
実はただものじゃない…⁉

姿勢改善

正しい姿勢で見た目&不調を改善

長時間デスクワークをしていると、知らず知らずのうちに猫背になってしまいがち。猫背による体のゆがみは、見た目が悪いだけではなく、体のあちこちに不調を招きます。正しい姿勢を心がけるとともに、食事やストレッチなどでケアしていきましょう。

お腹猫背に注意

背中が丸くなっているだけが猫背ではありません。最近女性に多いのが、お腹が出て腰が反っている「お腹猫背」。この姿勢は腸や子宮にも影響が出ることがあるので要注意です。

お腹猫背解消ストレッチ

頭の下に枕を入れ、ひざを抱えて腰を伸ばす。20秒キープし10秒休む。3回繰り返す

肩こり・首こり解消法

悪い姿勢によって起こる最も多い症状が肩や首のこり。ツボ押しグッズでむやみに筋肉を傷つけると症状を悪化させる恐れも。姿勢に気をつけるとともに、あごまでお風呂に浸かったり、血行をよくする青魚を積極的に食べるなどして緩和を。

合わないコンタクトや眼鏡も肩こりのもとに

理想の姿勢

電車の中やデスクワーク中など、気づいたときに姿勢を正す習慣を。はじめは10秒程度でもかまいません。

座り方

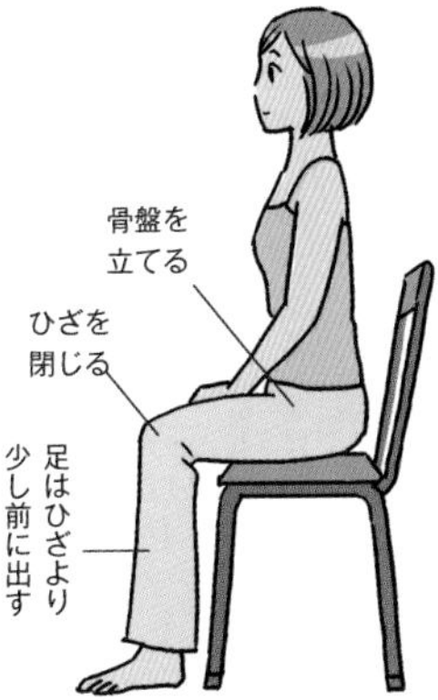
骨盤を立てる
ひざを閉じる
足はひざより少し前に出す

立ち方

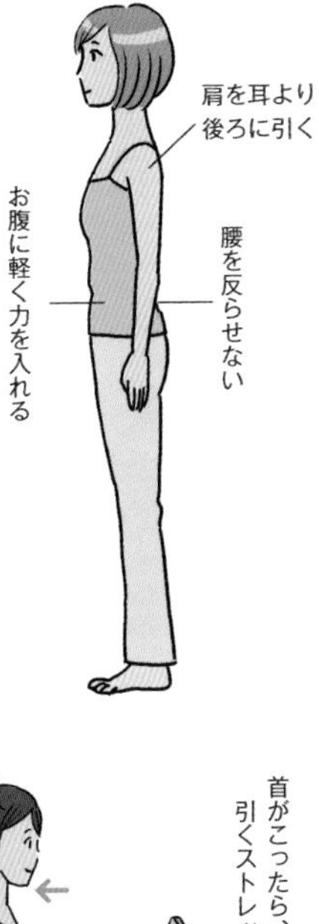
肩を耳より後ろに引く
お腹に軽く力を入れる
腰を反らせない

パソコンを使うときは……

- □ 画面に光が映りこまない位置に
- □ 画面はやや見下ろすように
- □ モニターと目は40cm以上離す
- □ 机の上でひじを曲げたときの角度は90度以上にする
- □ 1時間に1度は休憩をとる

首がこったら、あごを水平に引くストレッチで解消！

顔のゆがみ解消

日常のくせを直して老け顔を防ぐ！

顔のゆがみやほうれい線は老けた印象を生むので、早めのケアでアンチエイジングを。日常のくせを直すだけでもゆがみ改善につながります。また、デスクワークが多い人は顔や口周りの筋肉が硬くなり、シワやたるみができやすくなります。マッサージやエクササイズを意識的に取り入れ、筋肉を柔軟にしましょう。

あごのゆがみリセット

あごがゆがむとシワやたるみができやすく老け顔に。ほおづえ、うつぶせ寝、集中しているときの歯の食いしばりなど、日常のくせがあごのゆがみを招くので気をつけて。マッサージ（→Ｐ55）で顔周りの緊張をこまめにほぐしましょう。

片側だけで噛むのも
あごのゆがみの原因

顔のむくみを防ぐ

睡眠中の体の緊張は顔がむくんだり、ほうれい線が目立つ原因に。ネックウォーマーやタオルで首を温めたり（→Ｐ27）、仰向けで寝るようにすると◎。枕が合わないと感じる人はタオル枕に替えてみて。

巻いたタオルを
首の下に入れ、首や肩が
脱力できる高さに

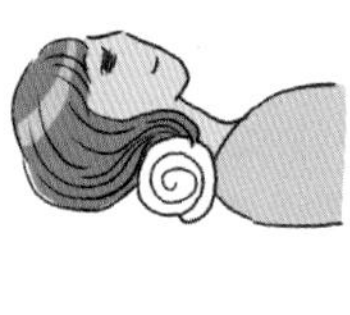

あごのゆがみ解消マッサージ

緊張した筋肉をほぐして、スッキリ顔をつくりましょう。

❶ 両手の親指を耳の後ろに置き、それ以外の４本の指でこめかみから側頭部の上をまわしながら押す。

❷ 両手の親指以外の４本の指で、頬全体を持ち上げるようにあごから耳にかけて 15 秒押す。

ほうれい線解消エクササイズ

シワが伸びるのをイメージしながら、ゆっくり行うと効果的です。

❶ 片側の頬に空気のボールをつくり、前歯の前を通って反対側へ移動させる。１往復８カウントで行う。

❷ 口を閉じた状態で上下の歯ぐきをなぞるように舌をぐるりとまわす。右・左まわりを各 10 回行う。

マグカップに入れたお湯の蒸気をほうれい線に当てながらエクササイズすると、血行がよくなりシワも伸びやすくなります。

ぽっちゃりボディ解消

無理のないダイエットで健康的な体をつくる

健康的で女性らしい体のラインをつくりたいなら、無理な食事制限は絶対にNG。たんぱく質をしっかり摂り、適度に筋トレをすることで筋肉量を増やしていくのがおすすめ。そうすることで基礎代謝（呼吸や体温調節など、生命維持に使われるエネルギー）も増え、やせやすい体質になります。

基礎代謝を上げるには

エネルギー代謝の7割を占める基礎代謝を高めることが、太りにくい体をつくる近道。そのためには筋肉量を増やし、内臓機能を高めることが大切です。こまめに体をほぐし、冷えをとって血行改善を。たんぱく質をしっかり摂り（→P57）、ヨーグルトなどで腸内環境を整えると◎。

1日1個の卵で
基礎代謝が
アップし
太りにくい体に！

自律神経を整える

ストレスや食生活の乱れ、夜型の生活で自律神経の機能が低下すると、やせにくくなります。また、冷えも自律神経の乱れのもと。夏場もクーラーと外気の温度差により体温調節がきかなくなることがあるため、1年を通して冷え対策を。

ショウガ紅茶で
冷え改善

紅茶1杯にショウガの
チューブ2cm分を入れる
黒砂糖をお好みで

糖質オフダイエット

炭水化物に多く含まれる「糖質」の摂取を抑えることで、食後の血糖値の急上昇を避け、脂肪の蓄積を防ぎます。ただし極端な制限は NG。

イタリアンなら
リゾットをチョイス!

小麦よりお米を主食に

パスタやパンに比べ、お米には脂肪分や塩分が少なく、太りにくい食材。玄米にするとさらに◎。

大豆もやしは食物繊維が多く
糖質ゼロのお助け食材

食物繊維を取り入れる

きのこや海草類などに多く含まれる食物繊維は血糖値の上昇を抑えるので、積極的に摂りましょう。

たんぱく質をしっかり摂る

筋肉をつくるために必要なたんぱく質は減らさないよう注意して。赤身の肉や大豆製品がおすすめ。

野菜から食べ始める

野菜を先に食べることで血糖値の上昇を抑えます。しっかり噛んで食べることも大切です。

生理前と生理中は子宮にエネルギーを必要とするため、糖質オフの食事は避けて。生理後2週間の期間で行うようにしてください。

筋トレで太りにくい体をつくる

太りにくい体をつくるには筋肉量アップが大切。筋トレを習慣にして、女性らしい体をつくりましょう。

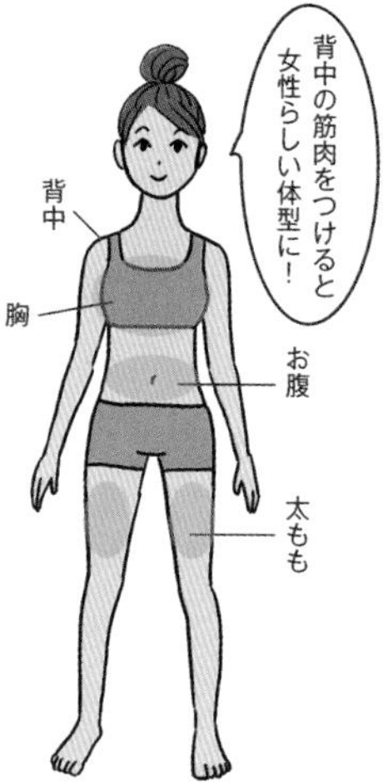

背中の筋肉をつけると女性らしい体型に！
背中
胸
お腹
太もも

どこの筋肉を鍛えるといいの？

大きな筋肉を鍛えると、消費するエネルギーが増え、基礎代謝アップにつながります。お腹、背中、胸、太ももを中心に筋トレを行うと◎。

週何回くらい鍛えればいい？

筋肉をつくるには、適度な休養が必要。2～3日おきに行うのがベストですが、運動不足の人なら週1回でも効果があります。午前中や夕方以降に行うのが効果的ですが、寝る直前は興奮して寝つけなくなる恐れがあるので避けましょう。

らくらく腹筋　10～15回を1日2～4セット

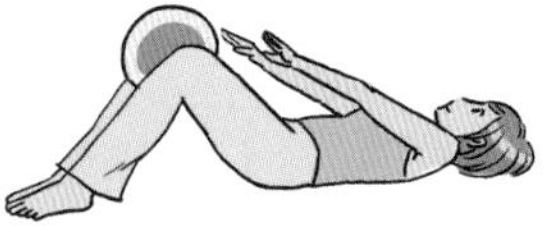

❶ 仰向けになり、クッションをひざに挟む。ひざを90度に曲げ、両腕をひざに向けて伸ばす。

タッチ
クッションを落とさないように

❷ 上体を起こし、両手でひざにタッチ。背骨を1つずつ床につけるように上体をもとに戻す。

太ももスクワット　10～15回を1日1～4セット

❶ お腹を引き上げてまっすぐ立つ。手は腰に置く。

❷ 背中を曲げずに、ゆっくり腰を落とす。ひざより下にお尻を落とさないように注意。

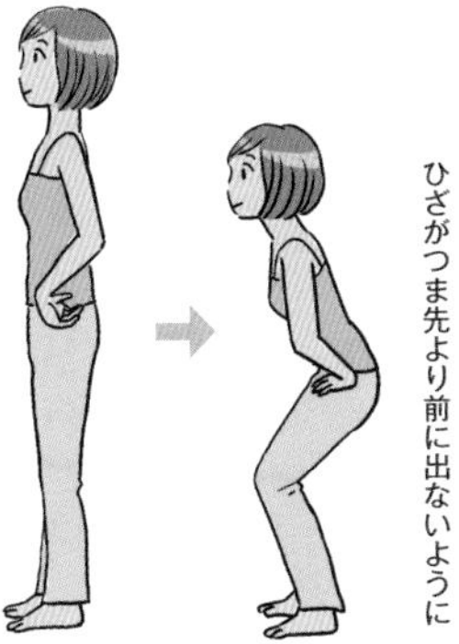
ひざがつま先より前に出ないように

ゆる背筋　10～15回を1日2～4セット

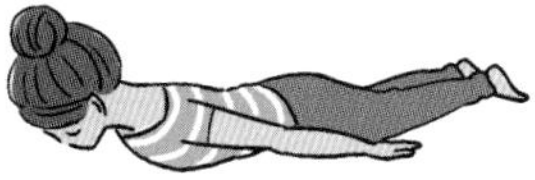

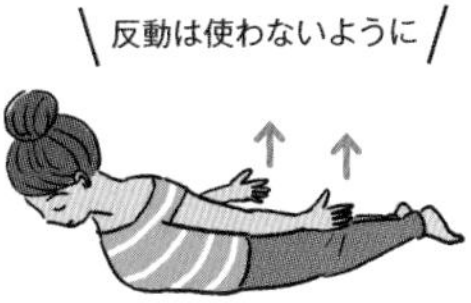
反動は使わないように

❶ うつ伏せになり、両足をまっすぐ伸ばす。手のひらを床に向けてあごを引き、顔を床に向ける。

❷ 手のひらを外側に向け、肩甲骨を寄せて上体を引き上げる。手のひらは外側へ、親指は上向きに。1秒キープし、元に戻る。

大股早歩きで筋肉量アップ！

大股で早歩きをすると筋肉の量が増え、基礎代謝のアップにつながります。はじめは普通に歩き、徐々に歩幅を大きくして速度を上げるようにすると、足を傷めません。通勤時や移動中などに無理なく取り入れて。

コラム 着やせでスッキリ見せる

ポイントを押さえて、着やせコーディネートを楽しみましょう。

✳ 手首、足首をチラ見せ

小柄な人は袖が長いとバランスが崩れがち。長袖でも手首が見えると女性らしい印象になって◎。パンツも７～８分丈のものを選べばスッキリ＆足長効果あり。

テーラードジャケットも長袖をたくしあげて手首の華奢なラインを印象づけて

ワンピース＋ロングカーディガン＋ロングネックレスで縦ライン強調！

✳ 縦長効果でスッキリ

縦長ラインをつくると背が高く見えます。ジャケットやカーディガンを着る際は、インナーとボトムを同系色でまとめると縦長に。ロングネックレスも効果あり。

✳ 鎖骨、首を出す

V ネックは首と顔周りをシャープに見せます。何となく寂しい場合はストールやネックレスをしてもOK ですが、鎖骨や肌を隠してしまわないよう気をつけて。

襟を立てると小顔効果も！

✳ ポイントは上に

高い位置にあるものが、最初に相手の目につき、全体の印象を左右します。アクセサリーやスカーフでポイントをつくると◎。バッグも肩にかけるとスッキリ！

✳ 靴でも着やせ！

トゥ（靴の先）が丸いものよりも、シャープなものがスッキリ効果あり。ストラップつきのものは縦長ラインを邪魔するため、甲を隠さないデザインを選んで。

ヒールで美脚に！

むくみ撃退

毎日のマッサージで むくみをリセット

むくみとは、本来なら心臓に戻るはずの血液中の水分が、組織のすきまに過剰にたまった状態。放っておくとセルライトになって下半身太りの原因になるので、毎日のケアでリセットしましょう。水分や食事に気をつけてむくみを予防し、寝る前には1日のむくみを解消させる習慣を。

むくみやすい生活習慣

過剰な水分や老廃物を抱えた血液を心臓に戻すのは筋肉の力。運動不足で筋肉量の少ない人はむくみやすいので、筋トレ（→P58～）で運動不足解消を。また、睡眠不足もむくみの大敵。起きている時間が長いほど水分が滞りやすくなります。

悪い姿勢も血液の流れを悪化させるもと！

塩分と脂質に注意

塩分は水分を抱え込むので、味の濃い食事はなるべく控えましょう。また、女性は排卵後～生理中はホルモンの影響でむくみやすい時期。そのタイミングで脂質の多い食事をすると、老廃物がセルライトに変わりやすいので特に注意が必要です。

トマト、キュウリ、アーモンドなど、カリウムを含む食材はむくみ解消効果あり

ふくらはぎのむくみ解消

むくんだ足をケアして美脚に。P147 の 30 秒ストレッチもおすすめ。

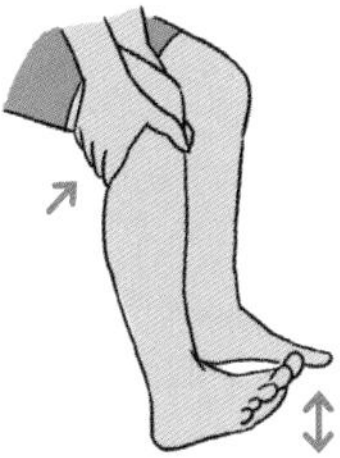

❶ 椅子に座り、ひざ裏の真ん中辺りを両手の指全体で押す。その状態でつま先を 15 回上下させる。

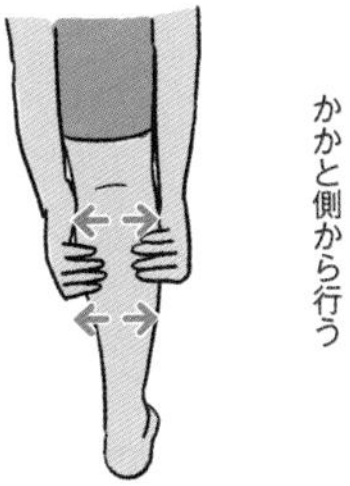

❷ ふくらはぎの裏側全体を包み込むように両手で押し、真ん中から外側にはじくようなイメージでほぐす。

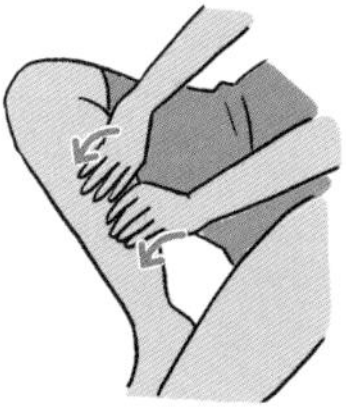

❸ ふくらはぎの脂肪を両手でつかみ、親指以外の指で支えながら内側から外側へ折り畳むような要領でもみほぐす。

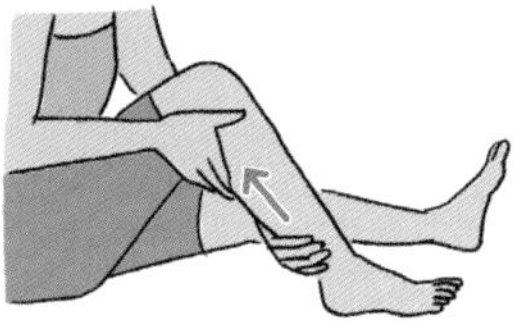

❹ ほぐしたリンパを下から上にさすり上げる。

マッサージの前に足湯を行うと◎。44℃前後のお湯をくるぶしまで注ぎ、5 ~ 10 分浸ける。大さじ 1 強の塩を入れると発汗を促し、さらに効果的！

バストケア

上向きの美胸をつくって女子力アップ！

上向きのふっくらしたバストは女子の憧れ。しかし毎日のデスクワークで体が固まると、バストが垂れたり、左右でサイズの違いが出やすいので要注意！ 姿勢の改善（→P52～）とエクササイズ、そして正しいブラジャーの着け方で美胸をつくりましょう。

正しいブラの着け方

❶ 肩ひもをかけ、ワイヤーがバストのふくらみの下に当たるように合わせる。

❷ 前傾しホックを留める。ホックの上のラインが肩甲骨のすぐ下にくるように。

❸ 脇から中心にバストを寄せ、しっかりカップに収める。

❹ 肩ひもを指が１～２本入るように調節する。

美胸エクササイズ❶

肩甲骨をほぐし、胸を正しい位置に移動させる効果あり。

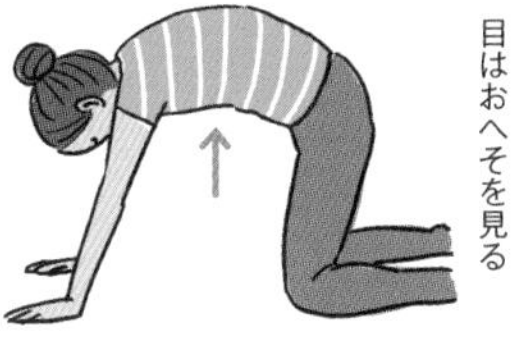
目はおへそを見る

❶ 四つんばいになり、息を吸いながら５秒かけてあごを上げて腰を反らす。

❷ 息を吐きながら、５秒かけて頭を下ろし、肩をほぐすイメージで背中をできるだけ高く上げる。❶～❷を８回繰り返す。

美胸エクササイズ❷

大胸筋を整えて、垂れたバストを上向きに。１日３回が目安です。

あごを引き
両手は体の横に下ろす

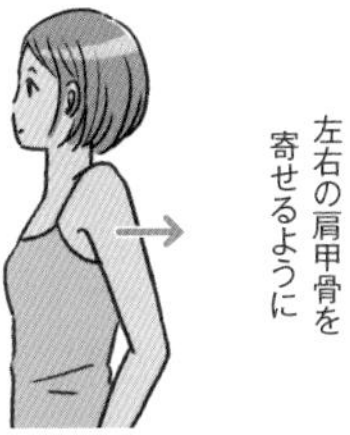
左右の肩甲骨を
寄せるように

❶ 首と背筋を伸ばしてまっすぐ立ち、肩をできるだけ上に引き上げる。

❷ 肩を引き上げたまま思いきり後ろに引き胸を張る。そのまま肩を下ろして脱力。

ヘア&頭皮ケア

つやつやの髪は頭皮ケアでつくられる

高いシャンプーやトリートメントでケアしても髪の悩みが解消されないという人は、頭皮に注目を。頭皮が健康になれば新しく生えてくる髪が美しくなります。また、睡眠や食事、ストレスケアなどの生活習慣を整えることも、美髪への第一歩です。

正しいシャンプーの仕方

❶お湯で予洗いする

頭皮にお湯が行き渡るよう、しっかり髪と地肌全体を濡らす。

❷シャンプーする

軽く泡立て、生え際からトップに向けて洗う。指の腹で頭皮をマッサージしながら約 1 分間洗い、十分にすすぐ。襟足、耳の後ろは残りやすいので注意。

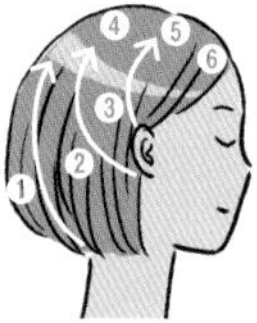

①襟足〜トップ
②耳の後ろ〜トップ
③耳の上〜トップ
④つむじ付近
⑤前頭部
⑥額の生え際

❸コンディショナーをつける

毛先につけて全体になじませる。表面のコーティングなので、すぐにすすいで OK。

❹乾かす

タオルを髪に押し当てるようにして水分を取り除いた後、ドライヤーの温風で根元から乾かす。

頭皮マッサージ

毎日のシャンプー前に取り入れて。顔のたるみ防止にもつながります。

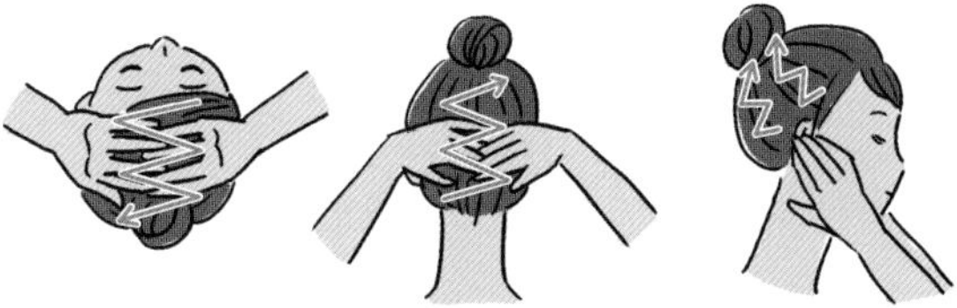

❶ 両手の親指以外の４本の指を髪の根元に差し込み、前から後ろに指をジグザグ動かす。同様に首の後ろからトップまでも行う。

❷ 左右の耳の上に４本の指を置き、トップに向かって前から後ろに指を大きくジグザグ動かす。

頭皮クレンジング

週１回の頭皮クレンジングで頭皮のつまり＆においも解消。

頭皮クレンジングオイルのつくり方

ホホバオイル（20ml）にアロマオイル８滴を入れてよく混ぜる。

おすすめアロマ

ティートゥリー、サイプレス（頭皮のにおい解消）
フランキンセンス、ローズウッド（白髪、抜け毛対策）
ゼラニウム、サンダルウッド（髪のパサつき解消）

顔用のクレンジングオイルを使ってもＯＫ

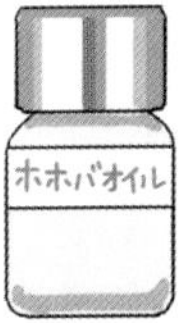

❶ 500円玉大のオイルを手に取り、乾いた頭皮になじませる。トップを中心に指の腹で１分間マッサージ。

❷ ぬるま湯を少量なじませて汚れを浮かせた後、洗い流す。その後、普段通りシャンプー、コンディショナーで洗う。

歯と口のケア

正しい歯磨き習慣で笑顔に自信が持てる！

毎日する歯磨きも、間違った方法でしていると、汚れが取れなかったり、歯の白さが失われてしまうことがあります。清潔感のある白い歯をつくるには、毎日の正しいケアが基本。口臭対策も同時に行えば、コミュニケーションにも自信が持てます。

白い歯にするには？

研磨力の強い歯磨き剤を使うとエナメル質が傷つき、黄ばんで見えることも。エナメル質を強化するフッ素入りの歯磨き剤や、コシのあるやわらかめのブラシを使って。また、食後は口内が酸化し、エナメル質が溶け出しやすいので、水ですすいでから歯磨きを。

炭酸飲料や柑橘類など、酸の強いものの飲食後は特に注意！

口内の乾きに注意

口臭の主な原因は口内の乾き。よく噛んで食事したり、舌のストレッチ（→Ｐ69）で唾液をしっかり出すことで予防できます。特に生理中や、ストレスがたまると口が渇きやすくなるので注意して。緊急で口臭を消すには舌に粉茶をのせ、上あごにこすりつけながら口内をぐるぐるまわすのがおすすめ。

スプーンに軽く1杯でＯＫ

正しい歯磨きのコツ

正しいケアで、白く健康な歯を目指しましょう。半年に１度は歯科で定期検診と歯のクリーニングを受けるとキレイな歯がキープできます。

歯ブラシはペンと同じ持ち方で！

寝る前は特に丁寧に

睡眠中は唾液分泌が減り、細菌が増えやすいので丁寧に歯磨きを。歯磨き剤は少なめにし、10分くらいかけて磨きましょう。

デンタルフロスも活用して

すすぎ後に使用し、歯ブラシで落としにくい歯間の汚れを取って。

すすぎは１回でOK

何度もすすぐと歯磨き剤のフッ素が流れてしまうので注意。

口臭が気になる場合は、舌専用のブラシで「舌苔」といわれる食べカスや古い粘膜を落として。朝起きてすぐにするのが効果的です。

舌のストレッチで口臭予防

口の乾きを感じたら、舌を動かして唾液の分泌を促しましょう。

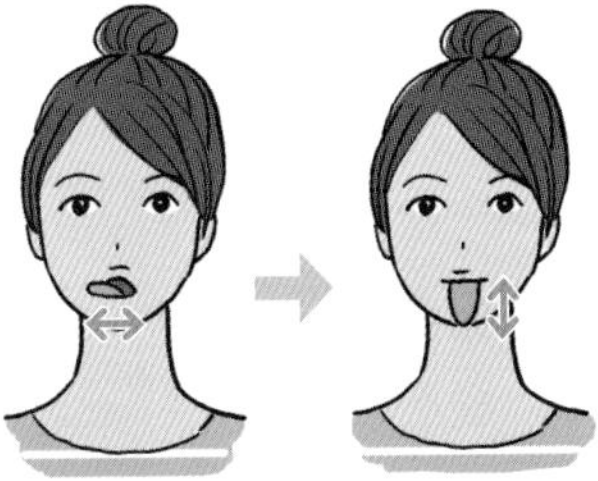

❶ 舌を思い切り前に出し、大きく左右に動かす。次に口の周りをなめるようにぐるっとまわす。

❷ 最後に鼻やあごに舌をつけるイメージで上下に動かす。

美穂宅
美穂 イキイキしてない？
結婚間近⁉
目標の立て方を教わってから色々考えて…
アロマの資格を取ることにしたの！
コツコツやってるー
将来は家でアロマ教室を開こうと思ってるんだ
この香りは…
へーすごい‼
私たち天野部長のおかげで変わったね！
カンパーイ
あーそろそろ寝るわ
メイク落とした？
もういいよめんどくさい
ファンデだけだし
ゴロリ
キラーン

メイク落とさないで寝ると1歳年とるのと同じなの!!
だからゆかりは20代離れした肌なんだよ!!
恋も始まらない!!
いや
でも出会いなんて全然ないしさ…
社内唯一の男性
ダメー!
私だって今の職場全員女子だけど彼と出会ったんだから
そりゃああんたは可愛いからでしょ
そんなことない!
ゆかりこの数ヵ月で変われたじゃん!!
はっ
一緒にがんばろ
うん
?

美肌になる
クレンジングのコツ
簡単だから覚えてね
CLEANSING CREAM
❶ クレンジングは
クリームタイプを
肌にやさしく、メイクもよく落ちる。
❷ クリームを温める
肌へのなじみがアップ。毛穴も開きやすくなる。
❸ Tゾーンからのせる
皮膚が強い部分から順になじませていく。
❹ 眉周りもしっかり
ファンデーションがたまりやすいので忘れずに。
❺ ティッシュでオフ
すすぐ前に油分や汚れを落として刺激を軽減。
32〜35℃
❻ ぬるま湯ですすぐ
熱すぎるお湯は乾燥のもとに。
クレンジングって肌にすごく負担がかかるの
かといって落とさないのは言語道断！
「こすらない」「手早く」が鉄則よ
1分以内が目標！
Fight
はいコーチ！

目元のメイクは専用のリムーバーを使ってね
浸したコットンをのせて約1分
その後汚れをやさしく落とせばOK
細かい所は綿棒を使って
次のスキンケアは…
ぎゃっ！別人!!
肌年齢還暦の人に言われたくないわよ
うるさい小悪魔め！
ふぅー
やっぱ美肌には睡眠よね…
翌朝
美穂のおかげで美肌だわ
その服！3人くらい子どももいそうに見えるよ…
ゆかりはまだ改善の余地ありだね

美肌づくり

内側と外側からのケアで うるおう美肌をつくる

ストレス解消や質の良い睡眠、軽い運動などの生活習慣は美肌づくりには欠かせないもの。色々な化粧品を買う前に、まずは自分の生活を見直してみて。また、美肌食材や肌の悩み別のスキンケア方法（→P76～77）を取り入れ、内側と外側からのケアを心がけましょう。

抗酸化パワーで美肌

紫外線や激しい運動、ストレスの影響で体内に増える活性酸素は、肌あれの原因に。アシタバ、オクラ、菜の花、トマトなどに含まれる抗酸化成分で活性酸素を消し、美肌をつくりましょう。疲労回復&アンチエイジングにもつながります。

アシタバは天ぷらなど油を使った料理にすると吸収率アップ

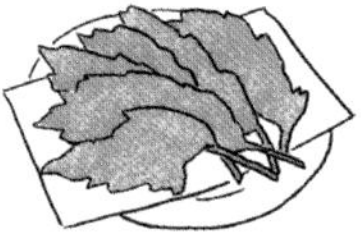

1年中必要なUVケア

紫外線はシミ、シワ、たるみなどの原因になり、肌の老化を早めます。年間を通して降り注いでいるため、夏以外もケアを忘れずに。肌への刺激を避けるには、紫外線吸着剤が入っていない乳液タイプの日焼け止めがおすすめ。生理前はホルモンの影響で日焼けしやすいので注意。

日常生活ならSPF20、PA++くらいでOK

※SPF…赤く炎症を起こす「紫外線B波」の防止効果。
※PA…肌の老化を促す「紫外線A波」の防止効果。

正しい顔そりで美肌になる

正しく顔をそれば肌の保湿力アップ。顔色も明るくなります。

❶ 額の輪郭を中央からこめかみに向けてそり、次に額の上から眉上1cmまでをそる。眉下は反対の手で押さえながら慎重に。

❷ 目の下を上から下に向かってそる。頬、こめかみも同様に。髪の生え際は1cm残して。

❸ 鼻すじや口元も上から下へそる。小鼻は片手で横に倒しながら、鼻のわきの丸みに沿わせて。口角のわきは外側から内側へ。

❹ フェイスラインとあごの裏側も上から下へそる。終わったら濡れたタオルで拭き、化粧水で整え、しっかり保湿を。

注意点

- 生理中や日焼け後、肌あれのときは避ける。
- 顔そり専用のカミソリを使う。
- 浴室ではなく、明るい場所で行う。
- そる前に必ずクリームやジェルを塗る。
- 1ヵ月に1回を目安に行う。

肌の悩み❶ 乾燥

肌の悩みナンバー1！ 上手に保湿してうるおい肌をキープしましょう。

乳液で肌の角層がゆるみ化粧水が入りやすくなります

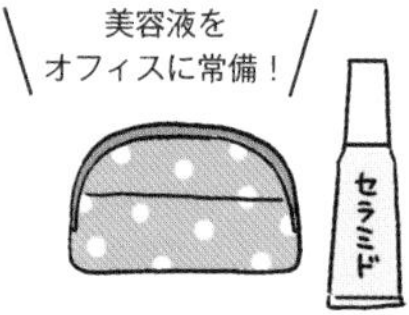

乳液を先につける

化粧水が肌に入っていかないと感じたら、先に乳液をつけてみて。手のひらで温めた乳液を全体になじませ、その後化粧水を。

日中の化粧水スプレーはNG

化粧水スプレーは、乾く際に肌の水分も奪ってしまうため逆効果。セラミド※ 配合の美容液を乾燥した部分につけてうるおい補給を。

肌の悩み❷ 大人ニキビ

大人ニキビは生活改善が鍵に。UV ケアをすればニキビ跡も防げます。

すすぎはぬるま湯で入念に

鶏レバーは免疫力アップ&皮脂分泌抑制に◎

泡洗顔で毛穴のつまりをオフ

ニキビの原因になる毛穴のつまりは、弾力のある泡で吸着させて。弱めの酵素が入った洗顔料で、古い角質を取り除くのもおすすめ。

免疫力を高める

免疫力を高めることで、ニキビの原因になるアクネ菌の繁殖を防げます。冷えやストレス、睡眠不足の解消も心がけて。

※セラミド…人の肌に含まれる保湿物質。水分保持力が高いため、セラミド配合の化粧品を使うことで水分量を増やすことができる。

肌の悩み❸ 毛穴

スキンケアのひと手間で、毛穴レス肌をつくりましょう。

温めてからつけると
さらに浸透！

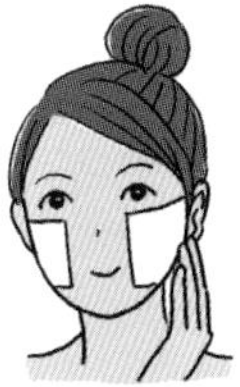

化粧水を浸したコットンに
乳液をのばし、3分パック！

美容液は引き上げながらつける

美容液は、反対の手でこめかみを引き上げながらつけると◎。毛穴がフラットな状態になり、成分がしっかり行き届きます。

生理前の毛穴ケア

ホルモンの影響で毛穴が開きがちな生理前は乳液パックを。うるおいが補給され、毛穴が目立ちにくくなります。

肌の悩み❹ クマ

ストレス、睡眠不足、冷えなどでできるクマを解消して目元スッキリ！

こめかみ周辺は
老廃物排出ポイント

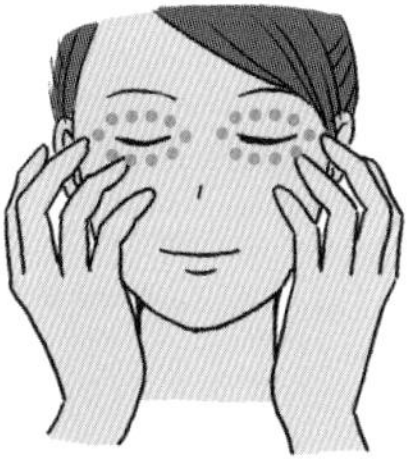

クマ解消マッサージ

❶ 温めた手でこめかみ周辺を押さえた後、目の下を３本の指でピアノを弾くようにマッサージ。

❷ 人差し指の第２関節を曲げ、眉頭を押さえる。

P161 で紹介する温冷ケアもクマ解消の効果あり。お風呂で行うとリラックスできます。

コラム 女性ホルモンでキレイをつくる

女性ホルモンとは、卵巣で分泌されるエストロゲンとプロゲステロンのこと。この２つのバランスが整うと美容と健康に効果あり！

✳ ホルモンバランスの乱れが起こす不調

ストレスや不規則な生活、卵巣機能の低下などにより女性ホルモンのバランスが乱れると、色々な不調を招きます。

・月経不順、月経痛　・不眠　・手足、腰の冷え　・イライラする
・肌あれ、乾燥　・やせにくい　・便秘、下痢　・抜け毛、白髪

✳ 生理周期に合わせてホルモン活性化

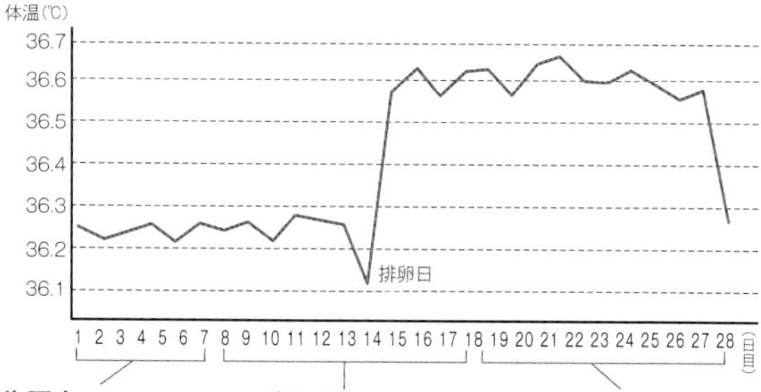

生理中（3～7日）
ドライフルーツで抗酸化力（→ P74）をアップ！ 質の良い睡眠で自律神経を整えると◎。
おすすめケア
睡眠前の簡単ストレッチ（→ P28 ～）

生理後（7～14日）
キレイをつくるのに最適な時期。代謝がよくなるのでダイエットやスキンケアに力を入れて。
おすすめケア
筋トレ（→ P58 ～）

生理前（7～14日）
肌あれが起きやすい時期。冷えをとって血流改善を。むくみやすいのでケアを忘れずに。
おすすめケア
むくみ解消（→ P62 ～）

基礎体温をつけると自分のリズムが分かり、コントロールしやすくなります。上記のようなグラフになるのが、正常な状態。特に生理前の高温期が始まる時期は体調管理をしっかりと。

✳ 食事でホルモン活性化

卵

女性ホルモンの材料になるコレステロールが豊富。

大豆食品

大豆食品に含まれる大豆イソフラボンは、エストロゲンに似た働きを持ちます。食物繊維もたっぷり。納豆、豆腐など。

アブラナ科の野菜

デトックス効果があり、ホルモン調整作用にも優れています。キャベツ、小松菜、ブロッコリーなど。

海草類

ミネラルやビタミンがホルモンバランスを整えます。

＼鮭、あさり、春菊も ホルモン活性化食材／

✳ 冷えとりで活性化

お腹周りを温める

お腹を温めると、子宮や卵巣も温まり、エストロゲンの分泌も正常に。冷えとり(→P147)も習慣に。

✳ ストレスケアで活性化

アロマは自律神経を整える効果あり

アロマでリラックス

女性の不調に効く、クラリセージ、ゼラニウムがおすすめ。ただしこの２つは妊娠中の使用はNG。

メイクの基本

基本を押さえて ナチュラルな仕上がりに

ナチュラルで明るいメイクは、オフィスでもプライベートでも好印象。普段何となくメイクをしている人も、一度基本のポイントを見直してみて。気になる部分はしっかりカバーしながら、自然な仕上がりを目指しましょう。

メイク前のスキンケア

ベースメイクを美しく保つにはスキンケアが重要。小鼻や口元など細かい部分まで化粧水と乳液でしっかりうるおいを与えて。スキンケア後に5分置いてからファンデーションを塗ることで、乳液が肌にしっかり定着し、化粧崩れを防げます。

気になる毛穴は
たっぷりの化粧水で
パッティング！

オフィスメイク術

オフィスではきちんと感を出しながらも、メイクを楽しみたいもの。ピンク系の下地は蛍光灯の下でも顔色が明るく見えるのでおすすめです。あまりメイクができない職場の人も、肌の赤みに近いコーラルオレンジのチークやシャドウ、リップなら、メイク感を出さずに、イキイキした印象をつくれます。

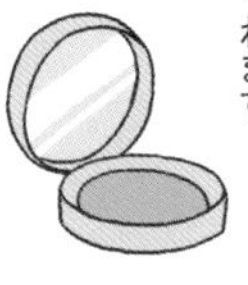

ファンデーションで美肌をつくるには？

パウダーファンデーションで立体的に仕上げれば、ふわっとした肌をつくることができます。地肌よりワントーン暗い色を選ぶとより自然に。

大きめブラシでつける

スポンジよりも大きめのフェイスブラシを使うとマットになりにくく、さらにナチュラルに。

余分な粉は落としてつける

ブラシ、スポンジのどちらも、つける前に軽く手の甲で余分な粉を落として。厚塗り防止になります。

塗る順番は内側→外側

頬の高い部分からつけ、内側から外側に向けて薄くなるように広げます。最後に手で軽く押さえてなじませると、つや感アップ。

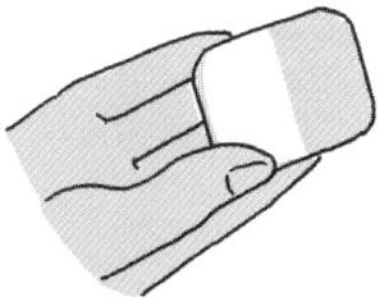

スポンジなら、半分の長さで顔半分につけるのが目安

塗り方を工夫して立体的に

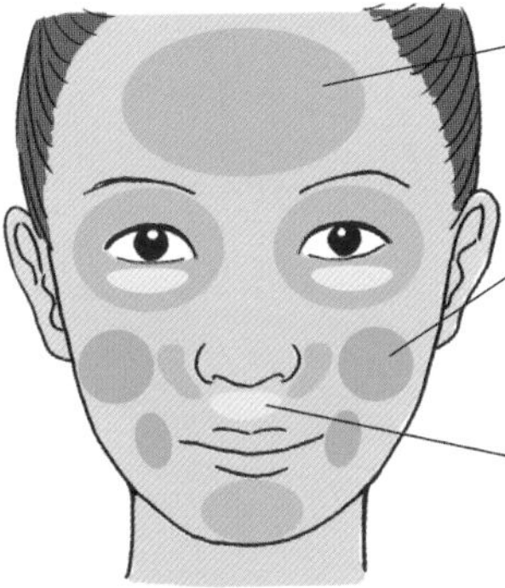

薄くする部分
おでこや小鼻は崩れやすく、目の周りは乾燥によるシワが目立ちやすいので薄めに。

厚めにする部分
頬、口角周りは厚く塗ってOK。ファンデーションは頬の高い部分から塗り始めて。

特に薄くする部分
鼻の下を厚めにすると、うぶ毛が目立つので注意。

失敗しないアイライン

アイメイクは、アイシャドウ→アイライン→ビューラー→マスカラの順番で行って。アイライナーはペンシルタイプが自然でおすすめです。

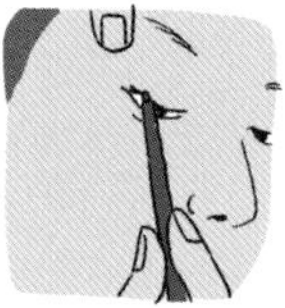
最初に終点を描くと
失敗しにくくなる

❶ 目尻の端から中央に向けて、太めに 1cm ラインを引く。

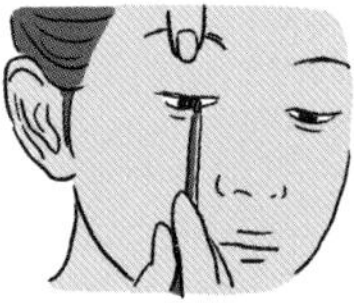
左右小刻みに
動かして

❷ 目頭から❶で引いた終点に向けて、まつげの際を埋めるようにつなげる。

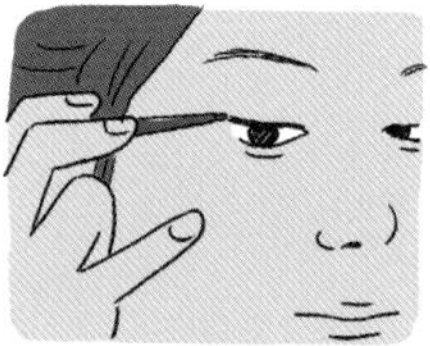

❸ 鏡をまっすぐ見て、目尻の終点から 3mm 横にのばす。

❹ 上側のラインを綿棒でぼかして自然な仕上がりに。

アイラインを引くときの姿勢

鏡は目線の下に置き、アイライナーを持つ手のひじをテーブルにつけます。反対側の手でまぶたを軽く持ち上げると、まつげの際がしっかり出て、キレイに引くことができます。

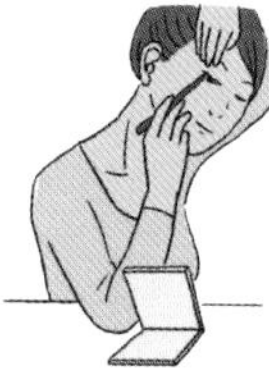

メイク直し便利アイテム

夕方のお疲れ顔をよみがえらせるアイテムは、メイク直しの強い味方。

コンパクトパウダー

UVカットや皮脂抑制など、多機能なものを選べば1つでOK。

うるおいの出るリキッドタイプがおすすめ

コンシーラー

夕方に出やすい目元、口角のくすみオフ。

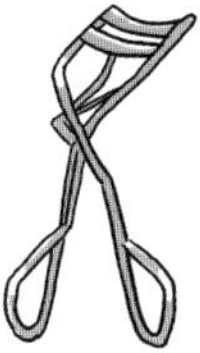

ビューラー

マスカラを塗らなくても、まつげを上げるだけで目力復活。

アイブロウ、アイライナー、チーク、口紅など基本のメイクグッズも忘れずに。メイク直し前のうるおい補給には、美容液（→P76）を。

メイク直しのコツ

パパっとメイクを直してキレイをキープ！　アフター5もばっちりです。

高い位置にチークを入れる

チークが薄くなるとお疲れ顔の印象に。高めの位置で顔の内側まで入れると血色がよく見えます。

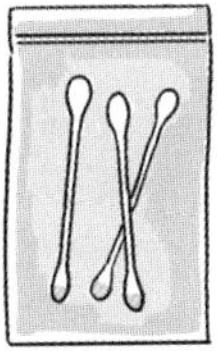

ファンデーションを含ませた綿棒は化粧直しに便利！

綿棒でパンダ目解消

リキッドファンデーションを含ませた綿棒で軽く目の下を拭き取ると、メイクのにじみを落とせます。

コラム イイ香りの女子になる

自分に合った香りを選んで、さらに女子力アップ！

✳ 香水の種類

種類	香りの特徴	持続時間
パルファン	豪華さと深みがある香り	5～7時間
オードパルファン	深みがありながら、気軽に使える香り	5時間前後
オードトワレ	カジュアルに使える香り	3～4時間
オーデコロン	お風呂上がりにも最適な、ライトな香り	1～2時間

✳ 香りの種類

香水は花の香りが基本となり、ブレンドする香料の配合で香りが変わります。

フローラル系

香水の王道。花の香りを基調にした、優雅で華やかな香り。

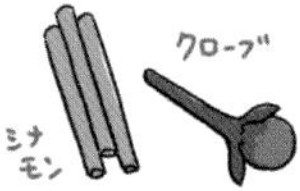

オリエンタル系

ムスクやスパイスなどをブレンド。甘く、エキゾチックな香り。

シプレ系

柑橘系やオークモスをブレンドした、落ち着いた上品な香り。

香水を買うときのポイント

店員に好みを伝え、2～3品出してもらいましょう。つけ始めはアルコールそのものが香り、イメージが変わることがあるため、10分ほどおいてから選ぶのがおすすめ。

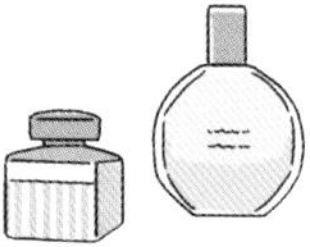

✳ 香水のつけ方

体から約30cm離し、体の2～3ヵ所に1プッシュずつスプレーします。体の前面や胸につけると、常に香りが立ち昇り、嗅覚が麻痺するので注意。

ほのかに香らせるなら

ウエスト・太ももの内側・ひざの裏側・足首

香りを印象づけるなら

ひじの内側・うなじ・肩・手首の内側

つける部分

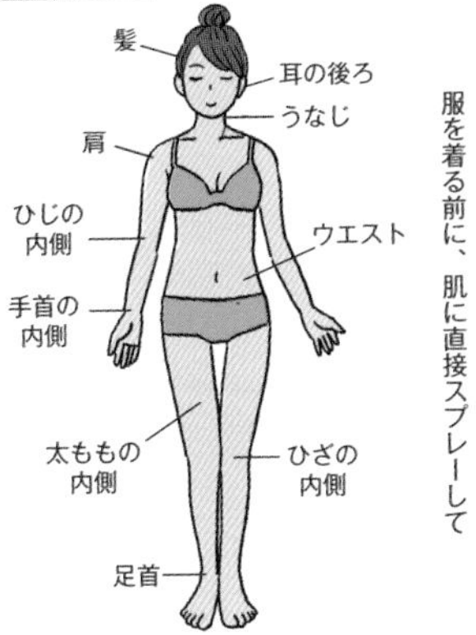
髪
耳の後ろ
うなじ
肩
ひじの内側
ウエスト
手首の内側
太ももの内側
ひざの内側
足首
服を着る前に、肌に直接スプレーして

ふんわり香らせるためには、こすり合わせたり、肌にすりこむのはNG。
出かける30分前につけると、ほどよい香りになります。

✳ 注意するポイント

TPOに気をつける

寿司店や和食店に行く際は、控えめにするのが無難。病気の人のお見舞いに行くときも気をつけて。香りで気分が悪くなる恐れも。

つけすぎたら洗い流す

つけすぎたときは水かお湯で軽く洗い流せばOK。服についた匂いはなかなか取れないので注意。

1年以内に使い切る

成分が変化するため、未開封のもので2～3年、開封後は1年を目安に使い切って。保管は風通しのよい場所で。

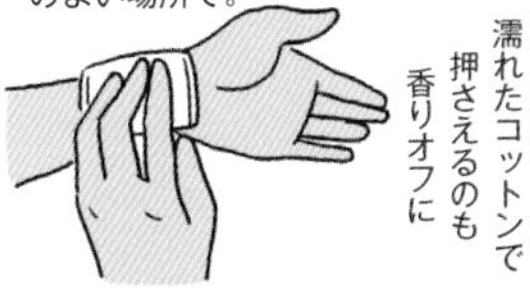
濡れたコットンで押さえるのも香りオフに

第3章　コミュニケーション

職場やプライベートで使える

女性らしい話し方や所作で

ワンランク上のコミュニケーションを

会社
Hello!
Does anyone speak English?
しーーん
こんなときに限って天野部長もいないし
狩谷くん 君、若いから行きなさい
オロ
オロ
何言ってるんですか無理ですよ
イングリッシュ ノー ノー
すっ
Our manager is out at the moment.
GREAT!
It's ok. we'd like to talk to you.
北原さんっ!? しかも美声!

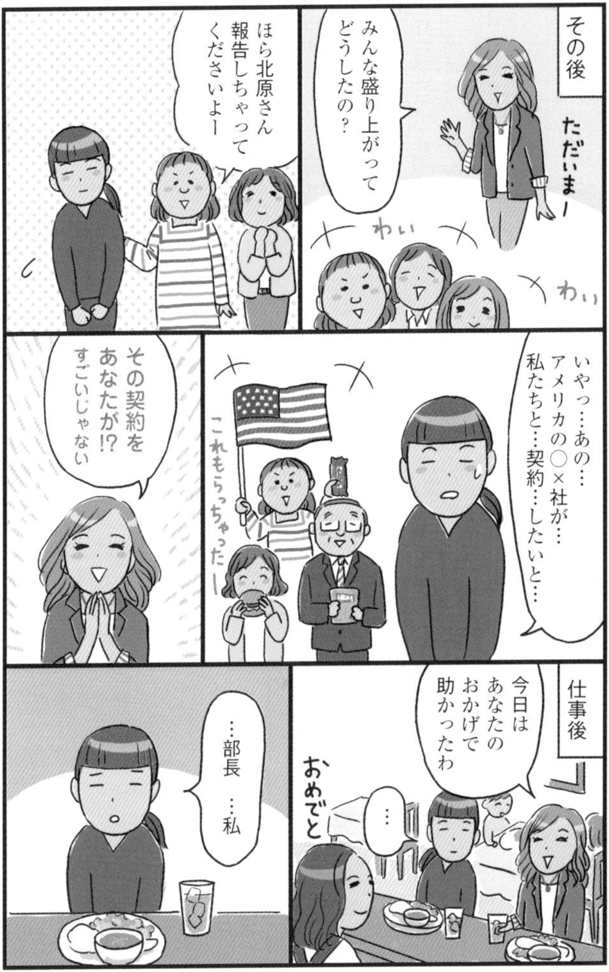
その後
ただいまー
みんな盛り上がってどうしたの？
わい
わい
ほら北原さん報告しちゃってくださいよー
いやっ…あの…アメリカの○×社が…私たちと…契約…したいと…
これもらっちゃったー
その契約をあなたが!? すごいじゃない
仕事後
今日はあなたのおかげで助かったわ
おめでと
…
…部長 …私

本当はもっと皆さんと
話したいんです
でも自信がなくて…
たいした話もできないし…
そうだったの…
打ち明けてくれて
ありがとう
それなら、難しく考えないで
小さなところから始めてみない？
まずは
あいさつね！
はじめは勇気がいるけど
あいさつは先手必勝よ
おはよう
ございます
あっ
名前を呼ぶと印象アップ！
北原さん
お疲れさまです
狩谷さん
どうもありがとう
ワンランク
上のあいさつ
会話が苦手なら
あいづちから
始めてみて
うんうん

5大あいづち
展開
「それで？」
「それは○○ということ？」
目指せ聞き上手！
同意
「なるほど」
「そうなんですね」
疑問
「なぜ？」
「ということは？」
同情
「残念ですね」
「それはひどい」
転換
「そういえば」
「ところで」
でも大切なのは「話したい」という気持ち
笑顔も忘れないでね
それがないと会話ではなくただの情報交換になってしまうの
その服どこで買ったの？
渋谷
ふーん
翌日
ドキドキ
あっ天野部長、狩谷さんお…おはようございます
北原さんおはようございます！

コミュニケーションの基本

話し方としぐさで女性らしい印象に

仕事でもプライベートでも、相手と気持ちよくコミュニケーションをとるためには、表情や態度など目から入る印象を明るくするのが基本です。また、無意識の口ぐせや態度で相手を不快にさせていないか意識してみてください。ちょっとしたコツと工夫で、好印象を与え、人間関係もスムーズになります。

表情と態度がポイント

会話の中で、相手の印象に強く残るのは表情や態度。笑顔をつくるのが苦手な人も、口角を上げて話すように意識して。相手の目を見ると緊張してしまう人は、目、鼻、喉元を交互に見ればOK。上や横に目線を動かすと、落ち着かない印象を与えるので注意。

「イ」の口をすれば口角アップ！

話し始めはゆっくり

早口の話し方は、聞き取りづらいだけでなく、威圧感やガサツな印象を与えることも。特に話し始めは落ち着いたトーンでゆったりとした口調にすると、女性らしい印象に。相手も心を開きやすくなります。

語尾をやわらかくして女性らしい印象に

印象をアップさせる話し方

無意識のくせを直して、感じのよい話し方をマスターしましょう。

恐れ入ります
「恐れ入ります」にすれば
丁寧な印象に

すみませんを多用しない

親切にしてもらったとき、「すみません」を多用すると、雑な印象を与えることも。「ありがとう」に変えれば、会話も弾みます。

えーっと…
こちらの資料の…
えーっと…

不用な言葉を使わない

「えー」「あのー」など、意味のないつなぎ言葉を使いすぎると、相手に不快感を与えます。言いそうになったら一呼吸置いて。

そうなんですかー
片足重心はだらしない印象に

無意識のしぐさに気をつける

目をキョロキョロさせると自信がなさそうに、せわしなく手を動かすと落ち着きのない印象に。腕組みは拒絶感を与えるのでNG。

素敵なバッグね
いえ
いえ
こんなの安物ですよー

謙遜しすぎない

「つまらない意見ですが…」と話し始めると卑屈な印象に。また、ほめられたことを否定すると相手に対して失礼になることも。

コラム 表情美人になるエクササイズ

エクササイズで自然な笑顔に！　顔がポカポカするまで行うと肌の血色もよくなります。

✳ こんな笑顔を目指して！

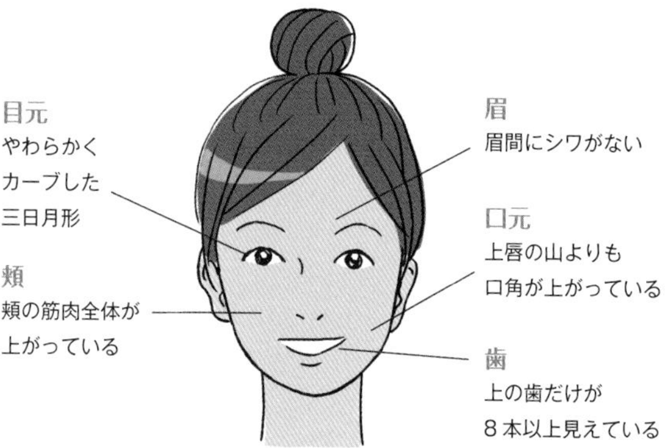
目元
やわらかくカーブした三日月形
頬
頬の筋肉全体が上がっている
眉
眉間にシワがない
口元
上唇の山よりも口角が上がっている
歯
上の歯だけが8本以上見えている

✳ にっこり目をつくるエクササイズ

目以外の筋肉は動かさないで

顔を動かさないように

❶ 黒目の上に白い部分が見えるくらい、両目を大きく見開いて10秒キープ。

❷ そのまま視線だけを上下左右に動かし、それぞれ2秒ずつキープ。

✳ 口角&頬の筋肉アップエクササイズ

❶ 唇に縦ジワが寄るくらいキュッとすぼめる。

❷ 口角を外側に引っ張る

眉を上に持ち上げ
鼻の下やあごの
力は抜いて

❸ 唇を内側に巻き込み、ゆっくり両端を左右対称に持ち上げて15秒キープ。

割り箸を軽く噛んで
口角が左右対称か
チェック！

✳ 眉間のシワとりエクササイズ

唇は突き出して
小さくすぼめる

❶ 顔全体を鼻に向けて引き寄せ、10秒キープ。目は閉じる寸前の状態に。

顔全体の表情筋を
伸ばすイメージで

❷ 思い切り外側へ解放して10秒キープ。

コラム 美声をつくるエクササイズ

声によって相手に与える印象も変わります。トレーニングで明るく聞きやすい声をつくりましょう。

✳ 聞きやすい声の出し方

「う」「お」を意識する

母音の「う」「お」の発音が弱いと沈んだ印象に。この２つを上がり調子で発音するように意識してみて。

胸を広げて響きやすく

あごを引いて、胸を広げると声が響きやすくなります。声が相手の頭上を通っていくようなイメージで。

シーンごとで声を使い分ける

説得するときには低音、明るい雰囲気を出すなら中音、遠くに届かせるには高音と、使い分けできると◎。

胸から響かせるような低音は親密度アップ効果も
今日はありがとう
おっおう…

✳ 準備エクササイズ

体もほぐして

顔の筋肉をほぐす

P94 ～ 95 のエクササイズで顔をほぐして。

姿勢を整える

P53 を参考に、首筋から背筋をまっすぐにしてリラックス。

スーッ

腹式呼吸

歯を軽く閉じ、「スーッ」と音を出しながら息を吐き、鼻から吸う。

✳ 基本の口の開け方

あ

舌が引っ込まない
ように注意

あくびをするように縦に口を大きく開ける。

い

上下の歯がくっついて
いないか確認を

上下の歯の間を少し開けて、唇を左右に引っぱる。

う

口をすぼめて、前に突き出す。

え

「い」と同じ口の形で、指が縦に３本入るくらい開く。

お

少し口をすぼめ、声を前に飛ばすようなつもりで。

✳ 応用編

滑舌をよくしたい人

「あえいうえおあお」「かけきくけこかこ」……と、わ行まで続けて。会社などでは声を出さずに行ってもOK。

声をクリアにしたい人

発音が不明瞭になりがちな「か」「さ」「た」行をトレーニング。「かけきこく」×３回。さ行、た行も同様に。

仕事でのコミュニケーション

円滑な人間関係をつくり仕事もスムーズに

仕事ではプライベートと違い、親しい人だけとコミュニケーションをとるわけではありません。そのため、話題や話し方に気をつけ、誤解を生まないようにしましょう。ちょっとした立ち居振る舞いに気をつければ、女性らしい印象を与えることができます。

自己紹介のコツ

幅広い世代が集まる会社での自己紹介は、共感を得られるような内容にするのがポイント。学生時代の部活、趣味、出身地などが1つ入っていればOK。1分程度にまとめて準備しておけば慌てることもありません。話し終えたらゆっくり一礼すると落ち着いた印象になります。

表情や態度も
大切（→P92）

雑談力をつける

気軽に雑談ができれば、人間関係がよりスムーズになります。まずは相手の話をよく聞くのが大切。ネタに困らないためには、事前に相手の情報を収集したり、共通点を探したりしましょう。毎日のニュースをチェックしておけば年代を問わず話題にできます。

コンビニで新製品を
チェックして
ネタ探し！

ワンランク上の立ち居振る舞い

しぐさに気をつければコミュニケーションもワンランク上に。

はい
何でしょうか？

話すときは体ごと向ける

話しかけられたときに、目線だけを向けるとにらんでいるように見えることも。また、作業しながら話を聞くのは余裕のない印象に。

目線は相手の足下に

お辞儀は立ち止まって

歩きながら首だけを曲げてお辞儀をすると、雑な印象に。道ですれ違ったときも立ち止まり、腰から上半身を傾けるように。

指し示すときは
指を揃えて軽く丸めて

指先を揃える

人にものを渡すときに指先を揃えると、女性らしく丁寧な印象に。受け取るときは両手で。感謝の言葉を添えるのを忘れずに。

NG
OK

名刺は胸の前で渡す

背中を丸めると、あごが突き出て、媚びている印象に。背中はまっすぐにしたまま体を軽く傾けて、胸の高さで名刺を渡して。

基本のコミュニケーション❶ 頼む

頼むときは相手の都合や気持ちを考えることが大切。

用件を具体的に伝える

まず相手の都合を聞き、「明日までにできますか？」と具体的にお願いするように。「なるべく早く～」など曖昧な表現は誤解のもと。

理由と背景を添える

何も言わずに頼むと、相手はただやらされているように感じます。その人でなくてはいけない理由を伝えられればさらに◎。

頼むときに使えるフレーズ

クッション言葉 (→P104)	まことに勝手なお願いですが 突然のお願いで恐れ入りますが ひとつお願いしたいことがございまして 折り入ってお願いしたいことがあるのですが
お願いする一言	○○願えませんでしょうか ○○していただけるとありがたいのですが ご検討いただけませんか お力添えくださいますか
お礼の一言	おかげさまで助かりました 恩に着ます お手数をおかけして、恐れ入ります 皆様のご親切が身にしみます

基本のコミュニケーション❷ 断る

相手を嫌な気持ちにさせないためには、まず丁寧に謝ることが基本です。

理由をだらだら並べると
相手はうんざりします
行けないわけでは
ないんですが…
仕事もあるし体調も…

明日締切の仕事が
あるので月曜まででも
よろしいですか？

意思ははっきり伝える

「今日は疲れていて…」など語尾をにごしてやんわり断ると、相手によっては誤解を生むことも。「ノー」の意思はきちんと伝えて。

替わりの案を示す

「お急ぎなのは分かりますが～」など、相手に理解を示す言葉を忘れずに。現状を伝えた上で、代替案や実現可能な方法を提案して。

断るときに使えるフレーズ

クッション言葉 （→P104）	あいにくですが／せっかくですが お気持ちはありがたいのですが よく考えさせていただいたのですが ご期待に添えず、大変心苦しいのですが
お断りの一言	今回はお断りさせてください 今回は見送らせてください ～ですので今は難しいです ～いたしかねます
フォローの一言	お誘いいただきまして、ありがとうございます 次回はぜひ参加させてください これに懲りず、また誘っていただけますか ○○さんの依頼なのにお役に立てず残念です

基本のコミュニケーション③ 謝る

ミスをしたら必ずすぐに報告を。言い訳をせず誠実に謝りましょう。

気づいたらすぐに謝る

ミスをしてしまったら、気づいた時点ですぐに謝るのが重要。上司への報告も曖昧な言葉を使わず、はっきり伝えて。

きちんと謝り、解決策を示す

仕事の場では「ごめんなさい」ではなく「申し訳ございません」と謝るように。自分が現状でできる解決策も示せるとよいでしょう。

謝るときに使えるフレーズ

ミスを認める一言	うかつにも 心得違いで（「うっかりして」の意味） 不注意で／不手際で まったく私の認識不足で
お詫びの一言	お詫び申し上げます 大変ご迷惑をおかけしました このたびはお騒がせいたしました ご無礼いたしました
反省を表す一言	このようなことになり、深く反省しております 考えが及びませんでした あってはならないことでした 今後はこのようなことのないよう気をつけます

基本のコミュニケーション❹ 説明する

「報告、連絡、相談」も分かりやすく説明できると印象アップ！

最初にポイントを示すと
聞き手の興味を引きます

今日の議題は3点です

今週の営業結果は受注5件、保留5件です

文章を短くまとめる

大勢の前で説明するときは、話したいこと、重要な点を整理して伝えましょう。「～ので」「～ですが」を減らし、1文を短くまとめて。

報告は結論から

上司への報告は結論から簡潔に伝えるのが基本。結果→経過→理由の順で説明すれば、相手も状況を把握しやすくなります。

説明するときに使えるフレーズ

相談を持ちかけるときの一言	少しお時間をいただいてよろしいでしょうか お知恵を拝借したいのですが アドバイスをいただきたいのですが 折り入ってご相談したいことがあります
報告するときの一言	ご説明申し上げます 手短かに申し上げます 簡潔に申し上げますと 結論から申し上げますと
反論するときの一言	大変申し上げにくいのですが 私の記憶違いかもしれませんが よけいなことかもしれませんが 勘違いだったらお許しください

敬語の使い方

スマートな敬語で信頼度もアップ！

正しい敬語が使えると、世代を問わず「きちんとした人だな」という印象を与えられ、信頼にもつながります。ただ、丁寧にしようと思うあまり、過剰な表現になってしまうのはＮＧ。過不足ない、スマートな敬語を身につけましょう。

ＮＧ敬語を見直す

メールでもよく使う「了解」という言葉。これは「認める」という意味なので部下から上司に使うのはＮＧ。「分かりました」「承知しました」が正しい敬語です。また、「〜させていただきます」の多用は相手に耳障りになる場合も。「説明させていただきます」→「説明いたします」などシンプルな敬語にするように気をつけて。

クッション言葉を使う

敬語に加え、クッションになる言葉（→Ｐ１００〜１０１）を添えれば、グッと丁寧な印象に。お願いするときは「恐れ入りますが」、意向を尋ねるときは「よろしければ」、断るときは「お心遣いは嬉しいのですが」など、相手を気遣う言葉を入れるとよいでしょう。

ご面倒ですが
こちらにご記入
いただけますか

気をつけたい敬語

混乱しがちな尊敬語と謙譲語をしっかり使い分けましょう。

尊敬語 相手や相手の行為を立てる言葉

行為について	いらっしゃる、なさる、おっしゃる、ご利用になる
物事について	お名前、ご住所、（相手からの）ご説明
状態について	お忙しい、ご立派、お元気、お加減

謙譲語 自分がへりくだって、相手を立てる言葉

相手を立てる	申し上げる、伺う、（相手への）ご説明
改まる場合	いたす、参る、申す、おる、小社

尊敬語と謙譲語の使い分け

	尊敬語	謙譲語
見る	（上司が）書類をご覧になる	（私が）書類を拝見する
する	（上司は）ゴルフをなさる	（私が）ゴルフをいたす
言う	（上司が）意見をおっしゃる	（私が）意見を申し上げる
もらう	（上司が）お受け取りになる	（私が）ちょうだいする

部長、このファイルをお持ちしますか？
ありがとうお願いね！

尊敬語の「お持ちになりますか？」だと部長自身が持っていくことになるので注意

聞き上手になるコツ

聞く力を身につけて気持ちのこもった会話を

　態度や表情、相づちなどで相手が話しやすい状況をつくることが聞き上手への第一歩です。いつの間にか自分の話ばかりしてしまう人は気をつけて。相手の話に共感し、温かい言葉をかけることで、気持ちのこもったコミュニケーションができるようになります。

まずは共感が大切

　誰でも、自分の話を聞いてくれると嬉しいもの。すべてに同意する必要はありませんが、「受け止めること」と「共感」で相手に安心感を与えることができます。特にネガティブな話題のときは、最初から自分の価値観を押しつけたりせず、相手の話にまずは耳を傾け、「それは大変だったね」と共感するところから始めて。

会話を弾ませるコツ

　相手の話し方と同じペース、声のボリュームにすると親しみがわき、会話が盛り上がります。また、ビジネスの場なら相手の業界や商品について質問してみて。その中で共通点を探したり、新たな質問をしたりすると会話が弾みます。

会話が続かなくなったら
相手が話しやすい話題に
変えてみて

聞き上手になるポイント

顔や体全体で聞いていることが伝わると、相手も話しやすくなります。

それはひどいね!!

やや前傾姿勢が◎

相手にしっかり視線を向け、やや身を乗り出す姿勢は、相手を受け入れているサインに。表情豊かに聞くことも大切です。

オウム返しも効果的
へー温泉に行ったのー?
温泉に行ったんだー

多様な相づちを打つ

「ええ」「そうですね」など多様な相づちを入れて。「それは○○でしたね」などの共感の相づちは、さらに会話が広がります。

分かった! こういうことでしょ?
まあそうだけど…

話をさえぎらない

話をさえぎって、先に結論を言ったり、「要するに～ですよね」など、相手の話を要約しすぎると、不快感を与えることも。

そんなにたくさん聞かないで…
彼と別れたの!?
何で!?
いつ?
何があったの?

質問はバランスが大切

重要なことを汲み取りながら質問すれば、より会話を深められます。ただ、矢継ぎばやに質問すると相手の余裕がなくなるので注意。

コラム 色の魔法で印象アップ

身につけている色によって周りに与える印象も変わります。
シーンに合わせて色をチョイスしてみて。

✳赤

相手 初対面の人に強い印象を与える効果あり。意思決定を散漫にするので、会議や交渉のときは避けて。

自分 気持ちを前向きにしたいときに着ると◎。慢性的な疲労感があるときは悪化するのでNG。

赤い名刺入れで第一印象アップ!

✳ピンク

相手 相手の気持ちを優しくさせます。新しい出会いを求めたいときや、恋愛を発展させたいときに。

自分 温厚になり、人に優しく接することができます。アンチエイジング効果も。

✳オレンジ

相手 親しみやすい雰囲気を演出するので、場を盛り上げたいときや食事に行くときにおすすめです。

自分 体にエネルギーを与える色。動きが機敏になり、新陳代謝がアップする効果あり。

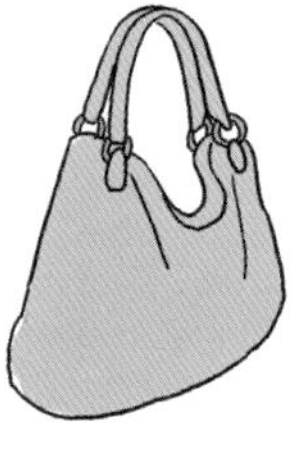

✳黄

相手 新たな人間関係をつくりたいときに役立ちます。トラブルの仲裁など、冷静な判断をするときにも◎。

自分 精神面への働きかけの強い色。不安をやわらげ、気分を明るくします。意欲を高める効果も。

✳緑

相手 周りの人たちと調和を図ることができます。穏やかに、ゆったり話せる効果も。

自分 リラックス効果があり、心が穏やかになります。決断力を与えてくれることも。

✳青

相手 相手に冷静さを与えるため、クレーム対応などにおすすめ。周囲に信頼感を与えられます。

自分 集中力を高めたり、新しい発想を生み出す効果も。悩みや不安があるときに冷静な判断を促します。

今度みんなで うちに遊びに こない？
美穂さんもね
ぜひお邪魔 したいです！
久々にコロッケ 揚げちゃお
みんな喜んで くれるかな
天野宅
わ〜
すごーい!! これ全部 つくったんですか？
そうよ 温かいうちにどうぞ
お家でも完璧 なんですね〜
あっワンコも いるー♡
これじゃ コロッケなんて 絶対出せない…

これはどのフォーク使うんでしたっけ？
テーブルマナーに自信なくて…今度彼のご両親と食事行くのに心配で…
それならちょうどいい！北原さんに教えてもらいましょ
帰国子女で海外の文化に詳しいのよ
…そんな教えるほどでは…
教えてください!!
えっと…では…これがテーブルに並ぶカトラリーの一例です
シャンパン
白ワイン
赤ワイン
水
コーヒー
バターナイフ
デザート
パン皿
前菜
スープ
魚
肉
位置皿
肉
魚
前菜
外側から使ってくださいね

ちなみに
こちらのマナーはご存知ですか？
椅子は左側から座る
折った部分がお腹側
ナプキンは2つ折りでひざの上に
スープは手前から奥に向かってすくう
乾杯のときグラスをぶつけるのはNG
ワイングラスは脚の部分を持つ
きっちりたたむのはNG
食後、ナプキンは軽くたたんでテーブルの上に
ナイフとフォークを使うときはひじを張らないように気をつけてください
NG
これで安心です！ありがとうございます
素敵な女性になった気分です♥
ただいまー
あら、おかえり
こんにちは
はじめまして
夫と後輩の洋平くんよ
今日はラグビーの試合だったの

こいつ 彼女募集中でさー
ドンッ
ヨロッ
バサッ
あっ すみません
あら これは？
部長のお料理見たら出せなくなっちゃって…
あちゃ〜
これ うまいよ
さすが ゆかりー
今度レシピ ぜひ教えて！
コロッケ大好きなんです こんなのつくれるなんて素敵ですね
えっ…私のこと ほめてくれた…？
はっはっは これ僕のだぞー

オフィスのマナー

自分の振る舞いが会社の印象にもつながる

電話対応やお客様への接し方によって、会社の印象を左右することがあるため、マナーはしっかり身につけて。敬語（↓Ｐ104～）やコミュニケーションの基本（↓Ｐ92～）も合わせれば、丁寧かつ堅苦しくない振る舞いができるようになるでしょう。

電話対応のフレーズ

不在の人宛の電話対応はミスが起きやすいため、左記のフレーズを参考にスムーズな対応を。伝言は復唱しながらメモし、不在の人が戻ったら口頭でも直接伝えるようにしましょう。

・○○は○時に帰社予定です。
・よろしければご用件を承りましょうか。
・戻り次第ご連絡を差し上げましょうか。
・○○に申し伝えます。
・○○が承りました。

失礼のない来客対応

来客を応接室などに案内する場合は、上座（↓Ｐ115）を示し、「おかけになってお待ちください」の一言を。お茶は来客を待たせる場合はすぐに、それ以外は挨拶が終わった頃を見計らって出しましょう。茶碗を茶托にのせ、両手で出すのが正式ですが、狭い場合は「片手で失礼します」と添えると丁寧です。

スマートな名刺交換

第一印象にも関わる名刺交換。丁寧かつスムーズに行って。

相手より下に差し出して

名刺入れを受け盆に

受け取るときは丁寧に。名刺入れを受け盆として使うと◎。

相手の名前を復唱する

読み方が分からない場合はその場で確認するように。

相手の名刺は左斜め前に置く

名刺入れの上に相手の名刺を置き、左斜め前方へ。

「上座」「下座」をマスターする

基本ルール
- 室内の場合は出入口から遠い席が上座、出入口に最も近い席が下座。
- 乗り物の場合は窓側が上座。通路側が下座。
- 相手の意向に合わせて臨機応変に対応を。
- 下記の例は❶が上座で、最後の番号が下座。

応接室

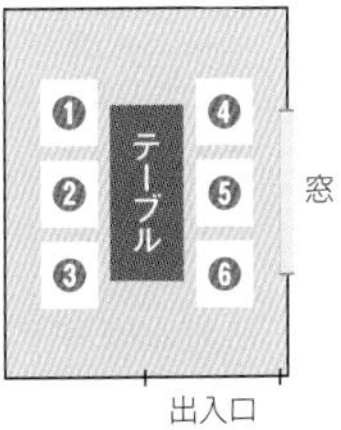

タクシー

エレベーター

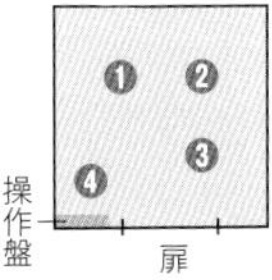

結婚式のマナー

お祝いする気持ちを表す美しいマナーを

結婚式は多くのゲストや新郎新婦の家族も集まる場。大人として恥ずかしくないマナーは身につけておきたいものです。結婚式のマナーというと、形式ばったものをイメージしてしまいがちですが、一番大切なのは2人をお祝いする気持ち。思いやりのある行動でお祝いしましょう。

招待状は早めに返信を

招待状は出欠リストの役割もあるため、受け取ったら3日以内にポストに投函するのがベスト。欠席の場合は先に電話で行けない理由を伝え、その後「出席できず残念です」の一言を添えて返信を。

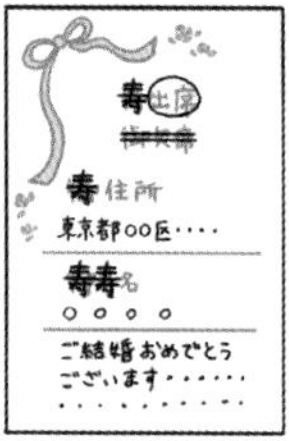

不要な「御」「芳」は「寿」の文字で消すとおめでたさアップ！

スピーチを頼まれたら

スピーチは快く引き受けるのがマナーです。3分以内でコンパクトにまとめましょう。

①新郎新婦にお祝いの言葉
②両家にお祝いの言葉
③自己紹介
④新婦（新郎）とのエピソード
⑤締めの言葉
⑥再度新郎新婦にお祝いの言葉

この順序が基本です。メモを見ても構いませんが、③④以外は相手に目を向けるように。

結婚式でのワンランク上のマナー

知っていると一目置かれるワンランク上のマナーを身につけて。

金額や住所の記入欄がある
封筒は、それに従えばOK

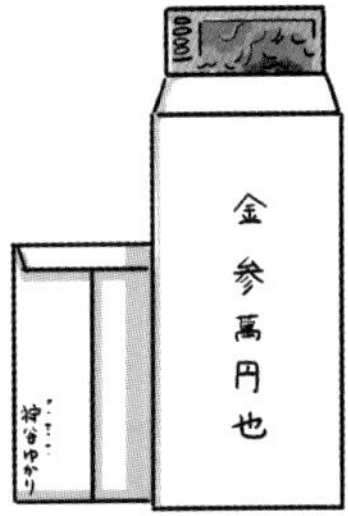

初対面の人とも積極的に会話し
楽しい雰囲気をつくって

ご祝儀袋の中面にも注意

ご祝儀に入れるお札は上側に肖像がくるように表向きに入れて。中包みの表には金額、裏面に住所・氏名を書くのが正式です。

30分前には会場に着く

受付が混雑する場合もあるので時間ギリギリに会場に着くのはNG。バッグ以外はクロークに預け、お手洗いも済ませておいて。

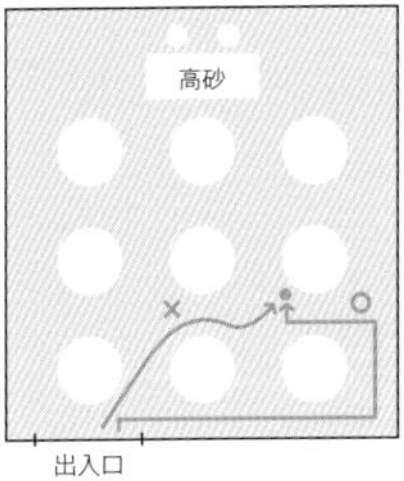

テーブルを横切らない

披露宴の会場に入るとき、真ん中を歩いたり、他のテーブルを横切るのはタブー。席に近いルートで壁づたいに移動して。

乾杯は席の左に立つ

テーブルマナーでは右が上座のため、椅子の出入りは、左から行って（→ P112）。乾杯時は椅子の左側に立つようにしましょう。

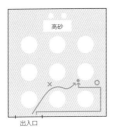

お葬式のマナー

急な訃報でも慌てない
マナーを身につけて

故人や遺族に失礼にならないよう、基本のマナーは覚えておきましょう。喪服や数珠を持っていない人は、前もって用意をしておいて。お焼香など作法がよく分からないときは、慌てず周囲の人に合わせて。故人を偲《しの》び、しめやかな態度でお見送りしましょう。

お葬式の正しい服装

肌の露出を避け、体のラインが出ないものを選んで。

ネックレスは一連のパールのものを
ピアスやイヤリングはつけない

髪型

お焼香のとき邪魔にならないよう、スッキリまとめる。

メイク

口紅やアイシャドウはベージュ系など抑えめに。

服装

光沢感のない黒一色のワンピースかアンサンブルのスーツ。

バッグ

飾りのない黒い布製のもの。光沢のある素材は避けて。

足元

ストッキングは黒か肌色を。靴は光沢や飾りのない黒のパンプスを。

お香典のマナー

故人との間柄や宗教・宗派によって異なるので気をつけましょう。

金額の目安

親しい人	10,000円
知人（その家族） 職場の人	5,000円 ～10,000円
近所の人	3,000円

※4、9のつく数字は避け、迷ったときは地域の習慣に合わせて

お札は1度折って入れる

新札に縦に折り目を入れて包みましょう。お札は肖像が封筒の裏側の下にくるように。

香典袋の選び方

宗派によって異なります。分からない場合は「御霊前」を使いましょう。キリスト教は「お花料」が一般的。

浄土真宗　御仏前

それ以外　御霊前

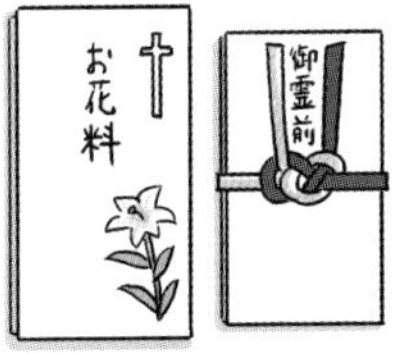

表書きは「涙で濡れる墨」を表す薄墨の筆ペンで書く

お焼香の流れ

宗派によって異なるため、喪主に合わせるか自分の宗派の方法で。

親指、人差し指、中指で抹香《まっこう》をつまみ目の高さまで上げたら香炉の中へ静かに落とす丁寧に1回行えばOK

❶ 僧侶、遺族に一礼
↓
❷ 遺影に一礼
↓
❸ 焼香・合掌
↓
❹ 一歩下がり、遺影に一礼
↓
❺ 僧侶、遺族に一礼

コラム　贈り物のマナー

「おめでとう」や「ありがとう」の気持ちをこめて、相手に喜んでもらえるものを贈りましょう。

✳ 結婚祝い

キッチン用品、食器、タオルなど
新生活で使えるものが人気

金額	5,000 円～ 20,000 円
時期	挙式 1 週間前までに発送（当日の持参は NG）
マナー	親しい間柄なら事前に希望を聞くと◎。挙式でご祝儀を渡す場合は、品物は贈らなくても問題ありません。

スタイや外出着、おもちゃ、食器の他
現金やギフト券でもＯＫ

✳ 出産祝い

金額	3,000 円～ 10,000 円
時期	生後 7 日～ 1 ヵ月まで
マナー	赤ちゃんのお世話が大変な時期なので、お祝いは発送しましょう。洋服を贈る場合は成長を見越して 1 歳用（80cm）くらいのサイズを選んで。

第 2 子以降の出産祝いの場合は、上の子用にちょっとしたお菓子や絵本などをつけてあげると喜ばれます。

✳ お中元・お歳暮

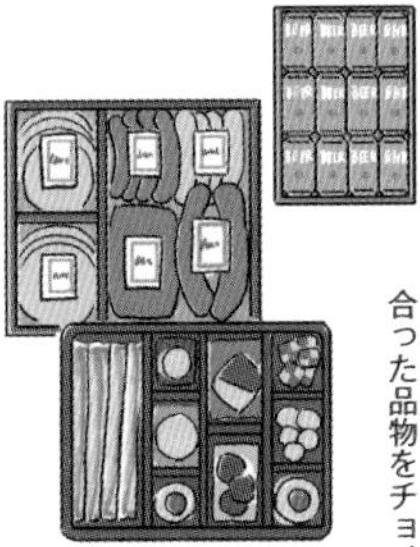
家族構成や、相手の好みに合った品物をチョイス

金額　3,000円〜5,000円

時期　お中元：7月の初め〜7/15
(関西は7月の初め〜8/15)
お歳暮：12月初め〜中旬

マナー　どちらか一方を贈るならお歳暮を。先方宅に持参するのが正式ですが、現在はデパートなどから発送するのが一般的。

お礼は具体的な感想を入れて

✳ 贈り物をいただいたら

贈り物をいただいたら、遅くとも3日以内にはお礼状を出すのが基本ですが、相手との関係によっては電話でもOKです。結婚祝いや出産祝いは時期をみてお返しを贈りましょう。

お返しの目安

結婚祝い…披露宴に招待しなかった方には、結婚式1ヵ月以内に半額程度を「内祝」として贈る。

出産祝い…出産後1ヵ月頃に、1/3〜半額程度を「内祝」として子どもの名前で贈る。

お中元、お歳暮…お返しは基本的には不要。

訪問のマナー

丁寧な立ち居振る舞いとマナーで楽しい時間を

訪問をするときは必ず事前に日時の相談を。相手も準備をしてくれているので、約束の時刻の5分過ぎくらいに到着するのがベストです。和室に通される場合は、特にマナーに気をつけて。相手への心配りや、おもてなしに対する感謝の気持ちを忘れないようにしましょう。

飲み物のいただき方

コーヒーや紅茶をかき混ぜる場合は音を立てずに。使い終えたスプーンはカップの向こう側に置きましょう。ふたつきのお茶碗で日本茶をいただく場合は、まずふたを90度傾け、お茶の中にしずくをこぼして。ふたは裏を上に向けて右側に置き、飲み終わったら元通りふたをします。

お茶をいただくときは手を添えて

和室のマナー

敷居や畳の縁を踏むのは絶対にNG。また、和室に通されたら、座布団の下座側（出入口に近い方）に座り、相手からすすめられてから座布団に座りましょう。その際は、爪先を立ててひざをつき、軽く握った両手で体を支えるようにしながら、にじり上がるのが正式なマナー。

座布団の上には立たない

手土産の渡し方

訪問時は手土産を持参して。相手の好みに合わせて選びましょう。

片手で品物を持ち、もう片方の手で底面を支えるようにして渡しましょう

選び方

相手の家族構成を考えて選ぶと◎。訪問先の近所で買うのは避けましょう。

渡すタイミング

部屋に通された後、挨拶をしてから渡すのがマナー。生鮮品は玄関で渡して。

渡し方

袋から出して相手に正面を向けて両手で差し出します。使い終わった紙袋は持ち帰りましょう。

おいとまのマナー

タイミングよく失礼し、しっかりとお礼をしましょう。

お茶のおかわりはいかがですか?
いえ、そろそろ失礼しますので

先日は大変な
おもてなしをいただき
ありがとうございました

季節の花の絵が入ったはがきもおすすめ

おいとまのタイミング

ずるずると長居するのは禁物。お茶のおかわりのタイミングなどでおいとまを切り出して。

訪問後のお礼も忘れずに

訪問の翌日には電話や手紙で、おもてなしに対するお礼を伝えましょう。

コラム 気持ちを伝える一言フレーズ

冠婚葬祭などでは、何と言ったらいいのか迷ってしまうことも。場に合った一言で気持ちを伝えましょう。

✳ 結婚式での一言

受付、控え室、新郎新婦、ご両親に

・本日はおめでとうございます。
・晴れやかな席にお招きいただき、ありがとうございます。

ご両親に挨拶を受けたら

・○○さんの友人の○○と申します。
　いつも○○さんにはお世話になっております。
・ドレスがとてもお似合いで一段ときれいですね。

披露宴閉宴後に

・どうぞお幸せに。
・とてもいい結婚式でした。
・素敵なご主人（奥様）ですね。
・ありがとうございました。お幸せに。
・本日はお招きいただきありがとうございました。

✳ お悔やみの一言

・まことに御愁傷様です。
・お力落としのないよう、お体にお気をつけください。
・この度は、急なことで。心からお悔やみ申し上げます。
・心中、お察しいたします。
・心ばかりですが御霊前にお供えください。
・安らかなお眠りをお祈り申し上げます。／キリスト教

お悔やみの言葉はやや小さめに、口ごもるように言うのがマナーです。

✳ 贈り物を渡すときの一言

・ほんのお礼の気持ちです。
・感謝の気持ちです。
・どうぞお納めください。
・お気に召していただけたら嬉しいのですが。
・心ばかりのものですが。

✳ 訪問時の一言

・お休みのところお邪魔いたします。
・お好きだと伺ったので。（手土産を渡すとき）
・どうぞお気遣いなさらないでくださいませ。
・すっかり長居してしまいまして、すみません。
・手厚いおもてなし、感激いたしました。
・今度はぜひ私どもの方にもお越しください。

✳ おもてなしの一言

・お暑い（お寒い、お足元の悪い）中をおいでいただきまして。
・ご丁寧にありがとうございます。（手土産をもらったとき）
・温かいうちにお召し上がりください。
・おもたせで恐縮ですが。（いただいた手土産を出すとき）
・帰り道、お気をつけください。

✳ お見舞いの一言

・ご気分はいかがですか？
・ご案じ申しておりました。
・また一緒に○○しましょう。
・お疲れになるといけませんから、そろそろ失礼いたします。
・お元気になられて何よりです。（退院後に）

お見舞いは、ご家族から本人の様子を伺った上で了解をとること。15～20分程度の訪問にとどめましょう。

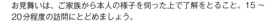

第4章　ココロケア

自分に自信がない、いつも不安……

毎日の心のセルフケアで

穏やかな心とハッピーな恋愛を！

残業
お疲れさま
はいコーヒー
あっ
ありがとう
ございます
最近きれいに
なったんじゃない？
もしかして
恋してる？
最近、洋平さんとメールしてて…
週末
平日
彼、仕事も趣味も充実してて
素敵だなって思って
いいじゃない！
デートに
誘ってみれば？
いやぁ無理です
前の彼にも突然フラれたし
恋愛が怖くて…
部長みたいだったら
自分に自信持てるのになぁ

…私、10年前に離婚してるの
カタン…
20代前半で憧れの人と結婚して
あっ お帰りなさい
彼が人生の全てだと思ってたわ
でも彼はそうではなくて
あっさり別れを切り出されてしまったの
それがトラウマで長い間恋愛ができなかったわ
そうだったんですか… すみません… 知らなくて
でもどうやって復活されたんですか？
友人が心配して心理カウンセラーさんを紹介してくれて
大丈夫よ
自分で心のケアができるようになったの

毎日できる
心のセルフケア
無理はしないでつづけてね
1日5つ自分をほめる
自分をほめる習慣を持つと
自己肯定感アップに。
「遅刻しなかった」
「夕食をつくって食べた」など
小さなことでOKです。
スマホや手帳に記録するとGOOD!
“プチ非日常”で気分転換
帰り道を少し変えてみる、
駅の違う出口から出る、
1駅歩くなど、見る景色を
変えるとリフレッシュできます。
こんな所にこんなお店!
cake
最初は半信半疑だったけど1ヵ月後くらいから少しずつ前向きになってきたのよ
嫌いだった昔の自分も含めて認められるようになったの
ありがとう

ちょうどその頃
出会ったのが今の主人
一緒にプレゼン
成功させましょうね
前の部署の後輩で
10歳年下なんだけど
自然に付き合い始めたの
今は自分の人生と彼との人生
どちらも大切にしているわ
やっぱり
人を好きになる前に
自分を好きに
ならないとね
LOVE♡
部長も色々
あったんだなぁ
よしっ
今日は一駅歩こう
えーっ
ここどこっ!?
スマホ

ポジティブ心のつくり方

毎日のメンテナンスでマイナス思考を脱出

何でも悪い方に考えてしまう、自分に自信が持てない、人と比べて落ち込んでしまう……誰にでもそんなときはあります。しかし、マイナス思考が長く続くと、そこからなかなか抜け出せなくなることも。ちょっとした行動や心の切り替えで、ポジティブな心に転換していきましょう。

マイナス思考の原因

パソコンでの長時間作業や運動不足でセロトニン（→P18）が不足するとマイナス思考につながります。起床直後に日光を浴びる、腹式呼吸をする、よく噛んで食べることなどで活性化できます。

5～30分程度の軽い運動もおすすめ

好きなものに注目

人と比べて落ち込んだり、マイナスな感情を持ってしまうときも、自分の長所が分かっていれば（→P174）、「自分は自分」と考えられるようになります。また、自分の好きなものに触れる時間が多いほど、マイナス感情が抜けやすくなります。

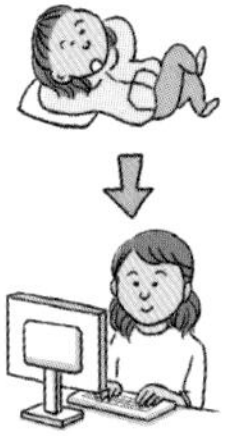

比べるのは他人ではなく以前の自分！

マイナス思考を脱出する習慣

落ち込んだり、憂鬱な気分のときは心の切り替えを。

何度も見返すと
心の切り替え
スピードアップ！

感謝していることを書き出す

今まで人にしてもらって嬉しかったことや助けられたことを書き出して。その間は悩みを手放すことができ、心も穏やかに。

ポジティブな人と話す

前向きな会話でマイナス感情をリセット。ポジティブな友人を思い浮かべて、その人なら今の自分に何と言うだろうと考えるのも◎。

次の電車で
大丈夫

余裕のある行動を心がける

ゆっくり話したり、丁寧にお茶をいれると心が落ち着きます。混雑した電車を見送るなど、周囲に流されず余裕を持つことも効果的。

自分を卑下するのもNG
私なんて…

ネガティブワードを使わない

「だって」「でも」「どうせ」はマイナス思考を代表する言葉。使わないように心がけるとマイナス思考に陥る時間が減っていきます。

心のケア❶ 不安なとき

不安の渦を断ち切るには早めのケアが大切

「寝坊したらどうしよう」という小さな不安から、「結婚できるかな」という将来の不安まで、不安の種は日常生活の中にたくさん潜んでいます。そんな不安が大きくなると、自分ではコントロールできなくなり、心の病気を招くことも。プチ瞑想（→Ｐ１４６）などでリラックスし、不安が小さいうちに解消できるよう心がけて。

漠然とした不安の整理

将来のことや仕事、恋愛、結婚、お金など漠然とした不安は、はじめは小さなものでもどんどん膨れ上がってしまいます。そんなときは、最近不安に感じたことを５つ書き出して、１ヵ月後にそのうちどれだけが現実に起こったかをチェックしてみて。現実化したものが意外と少ないと分かると、不安は取り越し苦労だということを実感するはずです。

不安を増やすＮＧ行動

不安を感じるときに１人でいると考えすぎてしまいます。なるべく人と話す時間を持ち、心を落ち着けましょう。また、お酒などで無理に不安を押さえ込もうとするのもＮＧ。物事を客観視する能力が弱まり、かえって不安が膨らむ恐れがあります。

お酒はほどほどに

不安をやわらげるアイディア

自分なりの心がホッとする方法を、普段から探しておきましょう。

CAFE

毛布にくるまると
安心感を得られる

好きな場所・人と触れ合う

不安を軽くするには人や場所と触れ合いを持つことが大切。友人や家族と話す、お気に入りの場所で過ごすなどの時間を持って。

体を温める

体が冷えると自律神経の働きが崩れ、不安を感じやすくなります。冷えとり（→ P147）を習慣にして。特に下半身の冷えには注意。

足の裏がじんわり温かく
なるようなイメージを
じわ〜〜

木にもたれたり、ハグすると
落ち着く効果あり

意識を下に持っていく

不安を感じるときは、頭に血が上っているような状態。下半身を温めたり、足の裏に意識を集めるようなイメージをしてみて。

自然と触れ合う

森林浴や散歩など、自然と触れ合うことで心が穏やかになり、リラックスできます。室内でアロマを活用するのもおすすめ。

心のケア❷ 後悔してしまうとき

考え方を変えれば 後悔が教訓に変わる

あのとき、ああしていれば……とクヨクヨしても、過去を変えることは誰にもできません。しかし過去の経験に向き合い、今の自分の考え方と行動を変えれば、後悔を教訓として生かすことができます。後悔をしてしまっても一瞬だけにとどめ、気持ちを切り替えられる習慣を身につけましょう。

今の自分を受け入れて

後悔してしまう原因は、今の自分に自信がなかったり、幸せでないと感じていることにあります。まずはありのままの自分を「これでよい」と認めることで、過去の自分も受け入れていきましょう。自分の長所を見つけたり（→Ｐ１７４）、心のセルフケア（→Ｐ１４４）を行うことで自己肯定感を高めれば、後悔も徐々に減っていきます。

後悔から学べること

あのときもっと優しくできれば……といった、「できなかった後悔」はとても辛いもの。でもそれは、自分は人に優しくできる力があることを教えてくれているのです。その才能を今できることに向けることで、後悔から抜け出しましょう。

彼にできなかった優しさを家族に向けてみよう

クヨクヨ予防習慣

小さなことでクヨクヨしてしまう人は、軽減させるような心がけを。

日記をつける

日々の感情を吐き出しておくことで、後で思い出して悩むことが少なくなります。

自分をほめてあげることも大切

完璧を求めない

完璧を求めすぎると、できなかった自分を責め続けることに。ほどほどでOKを心がけて。

クヨクヨしそうなときは、「今するべきことをしよう」と唱えるのも効果的。今に集中することで、ネガティブな感情から離れることができます。

後悔をポジティブに変換する言葉

ポジティブな言葉を使って、過去へのこだわりを断ち切りましょう。

「済んだことは仕方ない」

過去を受け入れながらも、肯定することで後悔を引きずることがなくなります。

「そのときの自分も精一杯頑張った」

失敗に思えることも、そのときのベストな選択だったと認めることが大切です。

「おかげで〜できた」

後悔から何かを得ようとする気持ちを持つと、気持ちが過去から未来へ向かいます。

心のケア❸ 頑張りすぎてしまうとき

完璧を求めすぎず 心と体に余裕を与えて

自分の弱さを見せるのが苦手な人や完璧主義の人は、知らず知らずのうちに1人で頑張りすぎてしまいがち。ミスなく仕事をすることは大切ですが、完璧を求めすぎると他の人にプレッシャーを与えてしまうことも。周囲に協力してもらったり、うまくいかなくても自分を許すことで心と体への負担をやわらげましょう。

頑張りすぎ度チェック

- □ 仕事は細部まできっちりやる
- □ 周囲に迷惑をかけたくない
- □ 手抜きできない
- □ 1度のミスを忘れられない
- □ 自分は期待されていると思う
- □ 「～しなくちゃ」が口ぐせ
- □ 自分のミスは自分一人で解決する

当てはまる数が多いほど頑張りすぎ！

助け合える環境づくり

人の力を借りるのが苦手な人は、普段のコミュニケーションを見直してみて。お互いに助け合える「チーム」を意識的につくっておくとよいでしょう。また、周りの人の得意分野を知って、その力を借りることで、1人ではできない、よりよい結果を生み出すこともできます。

脱・完璧主義プログラム❶ 仕事編

仕事に優先順位をつけ、全てを今やらないことで余裕が生まれます。

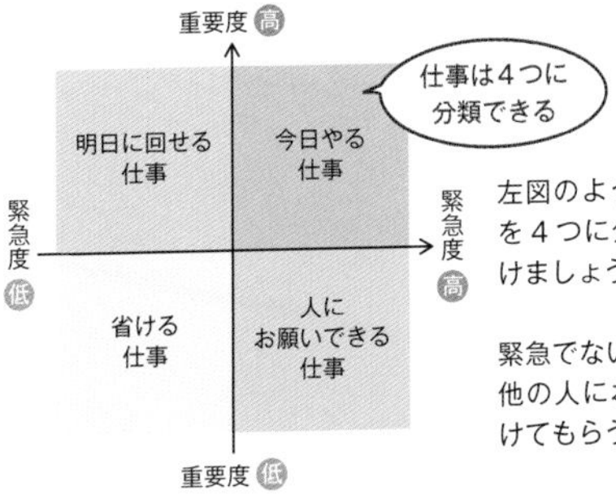

左図のように今抱えている仕事を４つに分類し、優先順位をつけましょう。

緊急でないことは翌日にまわす、他の人にお願いできることは助けてもらうなど工夫しましょう。

脱・完璧主義プログラム❷ ココロ編

ほどほどの自分でもほめてあげ、等身大の自分を認めることが大切です。

自分へごほうびを

自分に厳しくしすぎていると、自分も周りも疲れてしまいます。たまにはごほうびで気分を上げて。

年上の人と話す

年上の人との付き合いの中で、等身大の自分を再発見し、強がらなくてもいいと感じられるように。

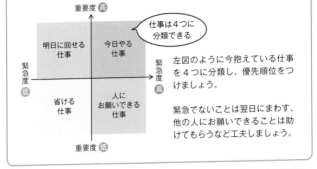

心のケア❹ イライラするとき

ためると増えるイライラ すぐに発散する習慣を

イライラは、処理されていない感情が心の中にたまっている状態。そのまま放置せず、早めに感情を吐き出すことが大切です。気をつけたいのは人やものにはあたらないこと。場合によっては後で取り返しがつかなくなる恐れもあります。普段から自分なりの気分転換方法を見つけ、こまめに発散を心がけて。

イライラの予防法

普段から感情を抑えこんだり、ごまかしたりしていると、イライラがどんどんたまっていきます。ときには自分の気持ちを素直に人に伝えたり、紙に書き出してみましょう。また、他者を変えようとしたり、過度に期待をするのもイライラの原因に。自分以外の人を変えることはできません。自分とは違う人として相手を尊重することを忘れないで。

感情と問題を分ける

イライラを解消するには「感情」と「問題」を分けて考えるのがポイント。例えばものをなくしてイライラしているとき、その感情に気を取られてしまうと、問題解決も遠ざかってしまいます。感情にとらわれず、解決のためにできることを考えましょう。

今すぐ解決できない
イライラは
心の切り替え
(→P141) を

イライラしたときの心の切り替え

自分に合った方法で、たまったイライラ感情を発散させましょう。

爆笑漫才
笑っ!!コント集
泣ける!!
アルジャーノンに花束を

号泣・爆笑する

涙を流したり、感情を吐き出すのは効果的。本を読んだり、映画を見たりして、思いきり発散を。カラオケで熱唱するのもよいでしょう。

運動でイライラを発散

イライラのエネルギーを運動で発散させるのもおすすめ。ダッシュで走るなど、短時間でパワーを使うものだと即効性があります。

腹式呼吸（→P96）もおすすめ

深呼吸でゆったりモードに

衝動的に人にあたってしまったり、感情にまかせて行動してしまう前に大きく深呼吸を。イライラをやわらげる効果があります。

ちょっと面倒くさい
トイレ掃除が
効果的！

掃除でスッキリ

掃除や片付けをすると心が整理され、感情もクリアに（→P142）。食器洗いも心を落ち着け、イライラ解消につながります。

コラム 掃除＆片付けで心もスッキリ

部屋は心の鏡。部屋が散らかっているときは心が整理できていない状態かも。掃除や片付けで感情もクリアにしましょう。

✳部屋とココロの関係

捨てられない心理

ものを捨てられないのには、過去の自分へのこだわりなど、心の問題が潜んでいることも。

片付けられない心理

部屋のあちこちが散らかっているときは、人間関係、恋愛、過去、将来などの問題で心が埋め尽くされている状態。

片付けの効果

掃除や片付けに集中することで頭の中がクリアになるとともに、達成感を味わって前向きな気分になれます。

ぞうきんがけでストレス解消

ぞうきんがけのような反復行動には、セロトニン（→ P18）の分泌を促して脳を鎮静化し、ストレスを減らす効果あり。

どうしても片付けられない人は？

週末に家に友達を呼ぶなど、掃除をしなくてはいけない状況をつくってしまうと心理的に効果あり。また、片付けられないことで自己嫌悪になってしまう場合は、人に助けてもらったり、家事代行サービスを頼んでみて。できない自分を認めてあげることで気持ちが楽になります。

✳ 無理しない掃除&片付け術

完璧に片付けようとすると、プレッシャーになって新たなストレスを生むことも。気軽にできるところから始めましょう。

すぐに洗濯しない服は軽くたたんでボックスへ

リビング&玄関

- TV を切ったら画面をひと拭き
- 不要な DM はその場で捨てる
- 鍵や時計は小皿にまとめる
- 帰宅時に靴を揃える

電子レンジは温かいうちに回転皿をさっと拭いて

キッチン周り

- ケトルは使用後にさっと拭く
- 水切りかごの食器を棚へ
- 半年使用していない調味料を捨てる

入浴後に浴室の壁に冷水をかけてカビ防止

お風呂&洗面台

- 排水溝の髪の毛を毎日捨てる
- 使用後は化粧水やシャンプーのボトルを揃える
- 洗面台のシンクを乾拭きする

消臭効果も
酢1
水2

拭き掃除には酢と水を1：2で薄めたスプレーを

トイレ

- 便座をさっと拭く
- 便器の中が汚れたら、すぐにブラシでこする
- 床をさっと拭く

心のセルフケア

気持ちを切り替えて心のデトックスを

心がもやもやしたり、何だか疲れたなと感じたら、気持ちの切り替えをしましょう。そのまま放っておくと、心だけでなく体の不調も招く恐れがあります。1日に5分だけでも、自分の心に向き合ってリラックスする習慣をつけましょう。P130で紹介した心のセルフケアも合わせて行って。

STRESS《ストレス》が大切！

リフレッシュするにはS（スポーツ）、T（トラベル）、R（レクリエーション）、E（イート）、S（スピーク&シング）、S（スリープ&スマイル）を意識すると◎。友人や家族と楽しむ機会を定期的に持つとよいでしょう。

しっかり寝るのも大切

ほめ習慣を忘れずに

自分をほめる習慣はとても大切。自己肯定の気持ちがあれば周りに流されることが少なくなります。どうしても自信が持てないときは、仲の良い友人と、5分間お互いにほめまくるのがおすすめです。

5分ごとにほめ役とほめられ役を交代して

オリジナルノートで気持ちを切り替え！

好きなものや、楽しいことが思い出せるノートをつくってみましょう。ページをめくるたびに心が穏やかになるはず。

1～2ヵ月を目安に
ゆっくりつくりましょう

好きなものを年齢×10個

30歳なら300個の好きなものをリストアップ。自分の好きなものを探すことで気持ちが前向きに。

写真をコラージュする

好きなものの写真を貼ると、よりイメージしやすくなり、ワクワク感もアップします。

ゆかりん

架空の旅計画

飛行機の便や泊まるホテルまで綿密に計画した理想の旅行プランを書き出してみて。実際に旅行したような非日常感を味わえます。

自分ファンブック

家族や友人からもらった手紙や一緒に撮った写真などをまとめてみて。自分を支えてくれる人の存在を実感できます。

プチ瞑想でリラックス

あまり難しく考えなくてOK。心と体を静かにリラックスさせましょう。

瞑想の方法

❶ 軽く目を閉じて座る。歯は噛み合わせないで、舌を上あごに当てるように。

❷ 心と体を静かな状態にする。何か考えてしまうときは、それを葉っぱにのせ、水に浮かべて流すようなイメージで思考からそっと離して。

❸ 5～15分ほど続ける。

背もたれにもたれず
床に足をつけて行いましょう

瞑想の効果

優しくなる

心に余裕ができ、相手の状況や気持ちを把握しやすくなります。そのため、人に優しくできるように。

集中力、記憶力アップ

瞑想中はリラックスしながらも脳が活性化するので、その後勉強や仕事がはかどります。

体調がよくなる

緊張していた筋肉がゆるみ、血液の循環がよくなり、肩こりや頭痛、冷えが改善されます。

悩みが減る

思考が整理され、問題を速く処理できるようになるため、悩みにとらわれにくくなります。

38～40℃の湯船に浸かって行う瞑想浴もおすすめ。眠ったり、のぼせたりしないよう、短時間で行いましょう。

冷えとりで心も体も温める

体が冷えると心がもやもやしたり、不安や焦りを感じやすくなります。ちょっとした工夫で冷えない体に。

足湯も効果あり

下半身を中心に温める

腹巻き、レギンス、保温効果の高い靴下などを活用して。自律神経の乱れを防ぎます。

百会
頭から10㎝以上離して弱い温風を当てて

ドライヤーでツボを刺激

頭頂部にあるツボ、百会《ひゃくえ》をドライヤーで１分程度温めて。ストレス緩和や不眠に効果あり。

夏でもストールを常備

下半身の次に気をつけたいのは首周り。オフィスに薄手のストールなどを常備しておけば、クーラーによる冷えにも対応できます。

②
①
むくみ解消にも

30秒ストレッチ

横になり、両足のつま先を天井に向けてしっかり伸ばす。３秒キープして元に戻す。これを10回繰り返して。

カレー屋
今度洋平さんとデートすることになったよ！
やったね！ゆかりにも春到来☆
男性と2人きりなんて久々だから緊張するよ…
モテテクとか使った方がいいのかな？
上目づかいとか…？
チラ
私も昔はやってたけどね
美穂の小悪魔テク
ほめる
すごーい
甘える
にゃん
ボディタッチ
ベタ
ベタ
胃袋をつかむ
でももう小悪魔は引退したの
モテテク
今は彼氏一筋！でも昨日もケンカしちゃって…
えーまたサッカー？
うるせーな
もう男って分かんない！
ナンどうぞ
あれっ？今日はだんなさん？

香はヨガのレッスン中
その間は僕が代わりに
お店に立ってるんだよ
普段はサラリーマンなんだ
へー素敵！
2人はラブラブ
なんですね
いいなー
これでも昔は
しょっちゅうケンカ
してたんだけどね
香さん…強い…
男性と女性って
考え方が
全然違うんだよ
例えば、男性は相談を受けたら
解決策を考えなきゃって
思うんだけど…
それなら
こうすれば
いいんだよ！
！
そうすることで
逆に怒られたりしてね
ただ話を聞いて
ほしいだけなのに!!
分かる〜

付き合い始めた頃の話になったときも…
この公園で初めて手をつないだよねー
ドキドキしたなぁ
そうだっけ？
来たのは覚えてるけど…
そんなことも忘れちゃったの!?
って泣かれたこともあったな
女性は「感情」男性は「モノや場所」を軸に記憶する傾向にあるんだ
私の彼平日は忙しいし休みはサッカー行っちゃうし何かほったらかしにされてて…
それも男女で考え方が違うからかもね
男性はバランス重視
恋人
仕事
趣味
女性は優先順位をつける
恋人
趣味
仕事
1
2
3
そうなんですかー

男性と女性が分かり合うのは難しいんですね…
始まる前にすでに挫折しそう・・・・
お互いに思いやりを持てばうまくやっていけるよ
淳くんありがとう—
後日
今日はとっても楽しかったです
ゆかりさんあの…
ゆかりちゃーん?
!
何だかきれいになっちゃってぇ寂しがってるお客さんたくさんいるのよぉ
はいコロッケ!
またいつでも来てねぇ
ゆかりさんはみんなを幸せにしてるんですね
僕もその仲間に入れてもらえませんか?
は、はい!
…えっそれって…?

自分らしい恋愛

人と比べるのは卒業して自分らしい恋愛を

周りの友達は結婚していくのに、自分だけ独身、合コンに行ってもなかなか理想の人に出会えない……などという状況に焦って自分らしさを見失っていませんか。条件のいい彼氏、友達に自慢できそうな彼氏を見つけようとする前に、自分が幸せになれる恋愛とは何かを考えることが大切です。

恋愛できない理由

なかなか好きな人ができないという人は、男性に完璧を求めてしまっているのでは？　1度会っただけですぐ、「ダメ」と判断せず、3回はデートしてみる、悪いところを見つける前に、1ついいところを探してみましょう。最初は分からなかった素敵な面が見えてくるかも。

理想のパートナーとは

付き合いはじめは、相手に幸せにしてもらいたいと思う気持ちが強くなりがち。しかし、与えられるだけの恋愛は依存につながることも。時間とともに「2人でつくる幸せ」「相手に与える幸せ」も見つけられるような関係を目指してみましょう。

2人でつくる幸せは大きな喜びに

自分らしい恋愛に出会うコツ

「いい人がいない」が口ぐせの人は、自分の習慣を見直してみては？

これが私の幸せ！

自分にとっての幸せを考える

男性の仕事や年収、外見などにとらわれず、好きなことを共有できる人を選ぶと自分らしい恋愛に。

いいんだけど合わないタイプかなあ

相手を決めつけない

過去の経験から男性をジャンル分けして、「こういう人とは合わない」と決めつけると恋愛チャンス減。今いいと思う相手を選んで。

彼まだ結婚とか興味なさそうだし、付き合っても浮気するかもしれないし…

先のことを考えすぎない

いいなと思う人がいても、先のことを考えて躊躇《ちゅうちょ》していては前に進めません。あれこれ考えず行動してみるのも大切です。

1人の時間を素敵に過ごせば恋愛も楽しめます

1人の時間を充実させる

寂しいから恋愛する、仕事を辞めたいから結婚するなどの動機ではよい関係は築けません。1人の時間も充実させて心の余裕を。

コラム 心理テストで分かる恋愛傾向

理想のパートナー像を認識することで、自分の恋愛傾向や魅力が分かります。気楽な気持ちでやってみましょう。

✳質問

各20個ずつを目安に、下記の質問の答えを挙げてみてください。

❶理想のパートナー像は？

「優しい」「強い」「経済力がある」など、相手に求めることやものを挙げて。

❷パートナーとの理想の関係性は？

「何でも話し合える」「理解し合える」「趣味が合う」など、理想の関係性を挙げて。

❸パートナーに与えたいものは？

「愛情」「安心感」「喜び」など、できるかどうかは別にして、あなたが相手に与えたいと思うことやものを挙げて。

❹パートナーから受け取りたいものは？

「安らぎ」「笑い」「励まし」など、パートナーから受け取りたいものを挙げて。

✳結果＆解説

右ページの質問によって、あなたの魅力や問題点を見つけることができます。恋愛や人間関係を見つめ直すきっかけにしてみては？

❶理想のパートナー像から分かるあなたの魅力

パートナーに求める要素は、あなたがいいものだと知っているもの。つまり以前にあなたが誰かに与えて喜ばれたり、自分自身が手に入れたものです。このリストは、実はあなたの魅力であるともいえます。

❷理想の関係性で分かるあなたの過去

このリストは今までの関係性で手に入れられなかった関係を表しています。もし引きずっている痛みがあるなら、一度その関係を振り返り、そこから学べることを今後に生かしていきましょう。

❸与えるもの＝あなたの価値

この問いにすいすい答えられた人は自立している証拠。そして言うまでもなくこのリストはあなたの価値そのものです。恋人がいなければ家族や友人にその価値をお裾分けしましょう。より自分の自信につながります。

❹受け取りたいものが多い人は依存傾向かも

このリストの答えが多い人は依存傾向にあるかも。❸と同じくらいなら対等な関係を望むタイプ。自分が受け取りたいと思うものは、積極的に相手に与えられるとよいでしょう。

この心理テストは男女関係を軸にしていますが、友人や会社の人など、人間関係全般に応用することができます。

恋愛のもやもや解消

自分の心を整理して 恋愛のもやもやを解消

恋愛をすると、相手のちょっとした言動に一喜一憂したり、メールの返信がこないだけで1日中憂鬱な気分になったりと、もやもやしてしまうことも多いもの。辛い過去は経験として学び、自分自身を大切にすることで、相手とよりよい関係を築くきっかけにしましょう。

嫉妬への対処法

彼氏が他の女性と話をしているだけで、もやもやする、前の彼女に嫉妬してしまう……。その感情を整理するには「それだけ彼のことが好きなんだ」とまず認めて。感情をこめなくてもいいので「私だっていい女!」と言ってみるのもおすすめです。

人と比べる考え方が嫉妬の原因

ケンカのすすめ

付き合っていてもなかなか本音が出せなかったり、自分の気持ちを抑え込んでいると、もやもやがたまり、ふとしたことで爆発する恐れも。そうならないためには勇気を出して、相手にぶつかってみることも大切です（→P158）。

恋愛トラウマを克服するには

恋愛中に不安や嫉妬でもやもやしてしまうのは、過去の恋愛が原因かも。自分自身でそれに向き合い、癒していきましょう。

トラウマ度チェック

- □ 自分に自信がない
- □ メールの返信がないと不安
- □ 付き合うと尽くしすぎる
- □ 人に嫌われたくない
- □ 重いと言われたことがある
- □ 男性を信用できない
- □ 恋愛が長続きしない

学べることを学び尽くす

どんなに辛い経験であっても、必ず学べるポイントはあります。辛くても当時の自分と向き合って次につなげる努力を。

自己肯定感を高める

過去の恋愛トラウマで自信を失っているなら、心のセルフケア(→ P144)を。自分の長所を見つけ(→ P174)、認めるのも大切。

過去
次の恋愛では
幸せになる!!

恋愛トラウマの注意点

毎日
電話してって
言ったじゃん

相手を束縛しない

自分のトラウマと不安から、相手を束縛してしまうのはNG。それが余計不安を増したり、相手からの信頼をなくす恐れも。

恋愛お悩みQ&A ❶ 重いと言われる

Q

彼氏ができるといつも不安な気持ちになってしまう私。嫌われるのが怖くていつも相手に合わせたり、尽くしすぎてしまい、結果「重い」と言われフラれることに……。どうしたら重い女を卒業できますか？

メール来ない・・・
フラれるのかな・・・

A

開き直るか、自己否定をやめるかの2択

「尽くすのが私の道！」と開き直るのも一つの手ですが、それができる人は前向き思考なので、そもそもこの悩みを持たないことが多いです。あなたの場合は、自己評価が低いことが原因になっているので、それを高めることが必要です。

こんなこと言ったら嫌われるかもしれないけど…
?

自己評価を高めて、気持ちを伝える

自己評価を高めるために、心のセルフケア（→ P144～）と自分をほめること（→ P130）を習慣にしましょう。
自分の意見が言えない人は、彼の反応を見ながら少しずつ気持ちを伝えてみて。「こんなこと言ったら嫌われるかな……？」と感じるのであれば、その部分まで言葉にしてしまいましょう。ただし、内容はシンプルかつ具体的を意識し、まわりくどい言い方は避けて（→ P162）。

恋愛お悩みQ&A ❷ 復縁したい

Q

浮気を繰り返す彼と別れたのですが、やっぱり忘れられません。彼も反省しているようで、やり直したいと言っています。復縁したいと思うのですが、何か気をつけることはありますか？

A

復縁が失敗しやすい理由

復縁をしても数ヵ月で別れてしまうカップルが多くいます。それは彼と幸せに過ごしていた時期を思い浮かべて、「あの頃に戻りたい」という気持ちでよりを戻してしまうからです。寂しさにとらわれすぎず、まずは別れたときの自分の気持ちと向き合う時間を持ちましょう。

彼を受け入れる覚悟はある？

浮気を繰り返す彼を受け入れる覚悟はありますか？　浮気をする人は罪悪感を感じると、無意識のうちにその感情を麻痺させようと浮気を繰り返すようになり、次第にその状態が普通になっていきます。
そんな彼でも根気よく待ち続けて、愛を与えられる覚悟を持てるのであれば復縁はうまくいくでしょう。自分の正直な気持ちに耳を傾けてみてください。

コラム 大人の失恋処方箋

辛い失恋も、自分の感情と向き合って整理することが大切。トラウマをつくらず、前向きに新しい恋愛に向かえるようになります。

✳失恋したときの感情整理の方法

泣く

たまった感情を出すのが一番効果的。泣く行為は、リラックスの効果もあります。自分の気持ちをごまかさず素直になるのが大切です。

次にできることを考える

感情の整理ができたら、次にどうしたいのかを考えられるようになります。新しい目標を立てるなど、できることから始めてみて。

許す

自分を傷つけた相手を許すのは難しいことです。しかし、許せない思いを引きずっていると、トラウマになり、新しい恋愛に臆病になることも。焦らず、時間をかけて相手を許していきましょう。

友達の力を借りる

何でも話せる友達に、「この１週間は私にちょうだい！」とお願いしてみて。直接会ったり、電話をしたり、話すことで客観視できるようになります。

✳思いっきり泣いた後のケア

失恋しても朝はやってきます。思いっきり泣いた後はまぶたのケアを。

温冷ケアで血流アップ

電子レンジで 30 秒ほど温めたタオルと、冷たい水で濡らしたタオルを交互に目の上にのせましょう。血行がよくなり、まぶたの腫れとむくみが取れます。

カモミールは鎮静作用あり

腫れぼったいまぶたと目の疲れに効くのがカモミール。カモミールティーを飲んだら、使った後のティーバッグを冷ましてまぶたの上にのせるのも効果的。

まぶたの腫れに効くマッサージ

❶ 中指の腹で、目頭からキワまで骨の上をゆっくりなぞる。2回繰り返し､3回目はこめかみまでなぞる。

❷ 上まぶたも同様に骨の上をなぞり、3回目はこめかみまでなぞる。

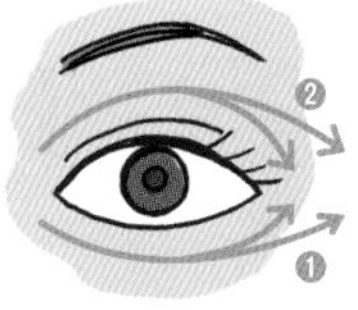

泣くときはまぶたをこすらないようにして。ハンカチで涙を軽く押さえてぬぐいましょう。翌朝の腫れぼったさが軽くなります。

男女の考え方の違い

考え方の違いを知れば もっと理解し合える

長く付き合っていても、彼氏が何を考えているか分からない、気持ちがすれ違っていると感じるときがあります。そんなとき、男女の考え方の違いを知っていると、誤解で傷ついたり、相手を責めたりするのを避けられます。お互いの違いを受け入れれば、コミュニケーションがもっと楽しくなるでしょう。

違いを受け入れて

男性は「事実や結果」、女性は「感情」を重要視します。そのため日々の会話で、男性が十分にコミュニケーションをとっていると思っても、女性にとっては愛情不足と感じることも。相手を責めるのではなく、違いを受け入れることも大切です。

悩み相談では
男性は解決方法、女性は
感情の理解を求めます

NG会話を避けるには

男性は相手の感情を察するのが不得意。男性に何か頼んだり、質問するときは、まわりくどい言い方は避けて。「結局何が言いたいの？」とイライラさせてしまうかも。また「昨日何してたの？」のような質問は詮索されているように感じられ、男性には居心地が悪いものなので注意。

週末出かけようよ！
と明るく言う方が◎

こんなに違う男女の考え方

同じことでも男女それぞれでとらえ方は違うもの。違いを知っていればお互いをより理解できるようになるでしょう。

結果とプロセス

男性 望む結果を得られるのが重要

女性 プロセスが楽しければ結果にはこだわらない

理想のコミュニケーションは？

男性 話さなくても分かり合えるのが心地いい

女性 何でも話せて気持ちが通じ合えるのが嬉しい

約束とは？

男性 これからやろうとする目標値

女性 約束した時点で確定したものととらえる

嫌なことがあったら？

男性 好きなこと、別のことをして忘れる

女性 誰かに気持ちを吐き出して解消させる

よくある男女のすれ違い❶

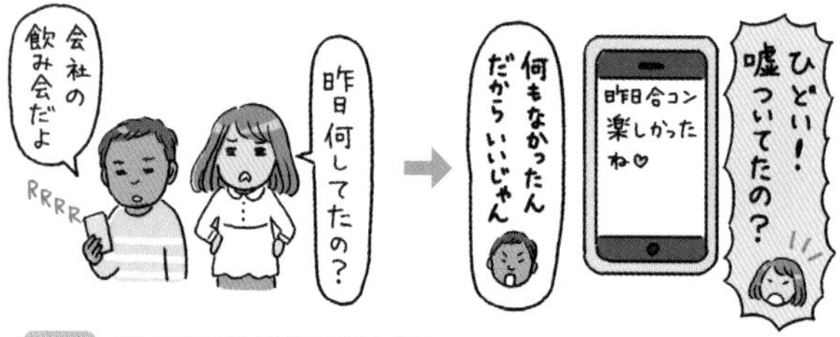

男性　嘘はついても約束を守ればよい

女性　約束を守っても嘘をついているなら信用できない

この場合、男性は何もなかったのだから、「会社の飲み会」という嘘をついても構わないと思っているのかも。

よくある男女のすれ違い❷

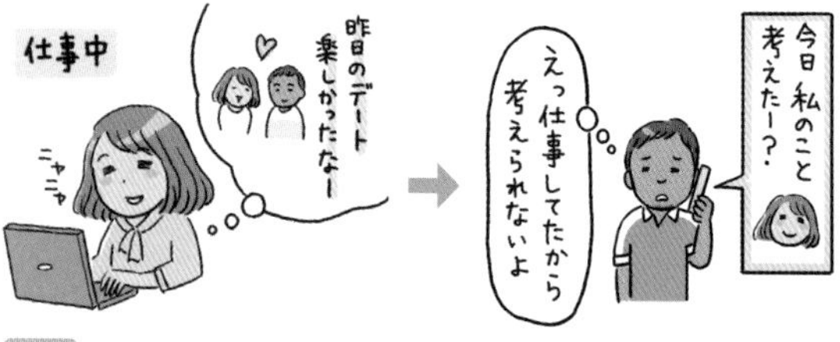

男性　仕事中は仕事モードに切り替え、恋愛のことは忘れる

女性　仕事、恋愛を同時に考える

女性は同時に複数のことを考え、男性は１つ１つ切り替えて考えます。一緒にいないときに彼氏が自分のことを考えていなくても落ち込む必要はありません。

シーン別 男性への接し方

男女の違いを踏まえて、言い方やタイミングを工夫して。

彼が落ち込んでいるとき

本人が何も言ってこない限りはそっとしておくのがベター。あれこれ聞き出そうとすると反感を買うかも。

何か頼みたいとき

言い方がまわりくどかったりタイミングが悪かったりすると、相手の抵抗感が増します。相手が話を聞く態勢のときに、具体的に伝えることが大切。

寂しいとき

なかなか会えない、連絡がこないというときに、一方的に「何で？」と責めるのはNG。自分の素直な気持ちを伝えて。

励ますとき

男性は信頼されていることがパワーになります。心配しすぎず、「あなたなら大丈夫！」の一言を笑顔で伝えて。

日頃の会話で相手を観察することも大切。どんなときに、どう伝えるとうまくコミュニケーションがとれるかが分かると、よりよい関係を築けます。

第5章　夢をかなえる

ワクワクした気持ちで

将来のことを考えてみませんか？

夢をかなえる習慣、続けてみましょう

天野宅
まさか洋平さんと付き合うことになるなんて…
お似合いよ♥
コロッケが取りもつ縁とはゆかりらしいね
私も香さんの旦那さんにアドバイス受けてから彼と順調なんです
彼ったらおしゃべりなんだから…
北原さんも雰囲気変わりましたよね
そうですか？ヨガには通ってます・・・
それにしてもゆかりさんのコロッケ今日もいい揚げっぷり！
他のお料理も美味しそう！
私、昔からみんなに料理を食べてもらうのが好きだったってことに気づいたんです

お惣菜つくってたときも
これがいろんな食卓に並ぶって
想像したら嬉しくて
ありがとうございまーす
皆さんにコロッケ食べて
もらったときに思い出しました
洋平くんに
ほめられたからじゃないの?
てへ
来年から、今の仕事続けながら
調理学校に行くことにしたんです
YUKARI'S CAFE
OPEN
いつか自分のお店を持ちたいなって
すごいじゃないい!!
ゆかりさんなら
できるわ!
晴美さんの
おかげ
です!!
これからも
お世話になります
私も
私も
…
実は来週から
本社に戻るの

えっ？
だから今までのように
毎日会えるわけではないけど
みんなここまで
自分たちの力で
やってきたんだから
大丈夫よ
わ、私やっぱり
部長のようには
なれません…
私も20代は
専業主婦だったたから
入社した頃は
よく怒られてたわ
何やってるんだ！
すみません
でも香がどんどん
夢をかなえていく姿に励まされて
CURRY
絶対私もキラキラした人生を
送るんだって信じてきたの
仲間がいるって
いうのも大切ね
そうだったの…
そうだ！
アファメーションって
知ってる？
アファメーション？

アファメーションとは？

英語で「断言」や「肯定」という意味。
夢や目標を宣言することで、潜在意識に働きかけることができます。手帳に書くのもおすすめ（→ P178）。

アファメーションのルール

宣言する文章をつくるときは、以下の点に気をつけて。

❶ 肯定文で
❷ 断定的に
❸ 簡潔に
❹ 現在形か過去形で
❺ 感情や行動が入るとGOOD

OK例

・私は毎日充実した日々を送っている。
・私は〇〇に成功した。
（まだ成功していなくても過去形にする）

NG例

・充実した日々を送りたい
（「〜したい」や否定文はNG）。

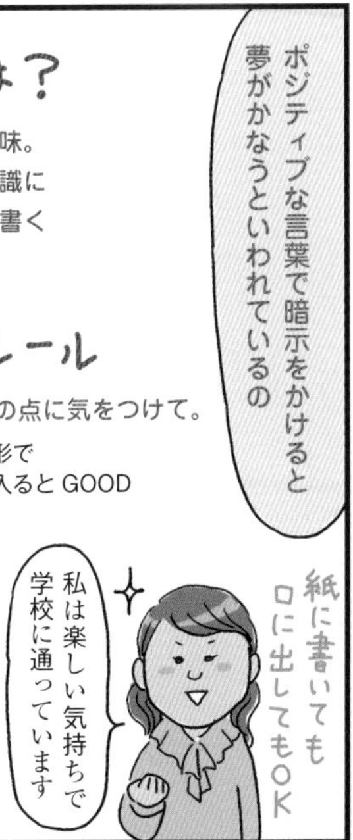
ポジティブな言葉で暗示をかけると夢がかなうといわれているの
紙に書いても口に出してもOK
私は楽しい気持ちで学校に通っています

おまじないのようにも見えるけど自分自身に宣言することで行動も変わるのよ
すごーい!!
やってみよう!!
私は国際部でわくわくしながら交渉をしています
ブツブツ
北原さん!?
そんな野望が!?

夢を見つける

自分らしさを大切に なりたい自分をつくる

忙しい毎日を送っていると、自分自身と向き合う時間や将来の夢を考える時間はなかなかとれないもの。しかし、そのまま何となく過ごしていると、10年後、20年後、理想と違う自分になってしまうかも。具体的な夢、目標を把握して、なりたい自分をつくっていきましょう。

今の自分を知ろう！

自分の強みや価値観を明確にして、今の自分を客観的に把握しましょう。それぞれ5個を目安に書き出して。

今の自分の強み

得意なこと、続けていること、仕事以外でほめられることなど。

仕事で身につけたこと

自分の長所（→P174）や、仕事を通して身につけたスキルや実績。

自分らしさ・価値観

自分の大切にしているものや、価値観。はっきり分からない人は下記のリストから、惹かれる言葉を10個選び、その中から1位～5位までをランク付けしてみて。

☐ 明るさ	☐ 健康	☐ 活躍	☐ 強さ
☐ 安定	☐ バランス	☐ 名声	☐ 個性
☐ 正直	☐ 思いやり	☐ 教える	☐ チャレンジ
☐ 優しさ	☐ 自信	☐ 積み重ねる	☐ 感動
☐ 美しさ	☐ 目的意識	☐ 自己成長	☐ 家族
☐ 調和	☐ 遊び心	☐ 創造	☐ 自由
☐ 上品	☐ 完璧	☐ 好奇心	☐ ポジティブ

10年後の夢を設定する

自分の強みや価値観（→ P172）をもとに、なりたい自分をイメージしてみて。10年後の目標から、カテゴリー別に書き出していきましょう。

10年後　どんな自分になっていたいか、大きな夢をかかげて。

3年後　今の自分と10年後の夢とのギャップを埋める中間目標。

1年後　3年後の姿から逆算した、1年で手が届きそうな目標。

記入例

	10年後（37歳）	3年後（30歳）	1年後（28歳）
キャリア	•新規事業を立ち上げ、責任者になる	•海外相手の業務を増やす	•新企画を毎月提案する
ライフスタイル	•子どもが小学生に •仕事に集中する	•結婚 •家庭と仕事を両立	•1人暮らしをする
スキル	•海外の取引先とも通訳なしで交渉する	•英文契約書の勉強をする	•TOEIC 810点取得
体&見た目	•エステに通い、シミ・シワ予防	•出産に備えて、女性ホルモンケア	•週に3回はヨガに通い、体型をキープ
マネー	•子どもの養育費 •貯蓄額 1,000万円	•結婚費用 500万円 •貯蓄額 400万円	•海外旅行 20万円 •貯蓄額 200万円

キャリア
やってみたい仕事やなりたいポジション

ライフスタイル
自分の生活スタイルや、子ども・親など家族の変化

スキル
仕事、プライベート問わず伸ばしたいスキル

体&見た目
健康&アンチエイジングのための方法

マネー
貯蓄目標や大きな買物（家、車など）の予定

コラム 自分の長所を見つけよう

自分のいいところをすぐに言えますか？　自分と向き合うことで長所を見つけ、夢をかなえる力にしていきましょう。

✳ 短所を長所に言い換えてみる

言い換え例

短所		長所
優柔不断、臆病	→	慎重、思慮深い
細かいことを気にする	→	よく気がつく、几帳面
あきらめが悪い	→	失敗してもくじけない
行動力がない	→	じっくり考える
八方美人	→	誰とでも仲良くできる
要領が悪い	→	マイペース
人の意見に左右される	→	人の意見を尊重する
飽きっぽい	→	色々なことに興味がある

✳ 自分自身を見つめて、長所を発見！

以下の質問に対し、それぞれ３つを目安に書き出して。自分の長所やがんばってきたこと、強みに気づき、自信が持てるように。

❶ 最近誰かに「いいね！」と言われたことは？

❷ 今までにほめられて嬉しかったことは？

❸ 挫折して乗り越えたことは？

❹ 感謝していることは？

❺ 今までに達成感を得られたことは？

❻ その達成につながったあなたのスキルは？

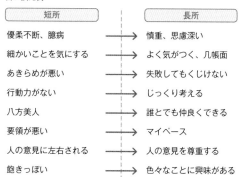

✳行動に隠れているあなたの長所

よく相談を受ける

相談されるのは、信頼されている証拠。周りからは親しみやすく、心に余裕があると思われているでしょう。

失敗を笑い話に変えられる

いつまでもクヨクヨしないポジティブ思考が長所。自分の中で物事を整理する能力が高く、話術にも長ける人でしょう。

旅行を計画するのが好き

企画力、行動力、コミュニケーション能力など、色々なスキルを持ち合わせている人。とっさの出来事に対応できる柔軟さもあります。

「おいしそうに食べるね」と言われる人は相手に心地よさを与えられる人

✳ほめられ上手になって長所を伸ばす

ほめられることで、自分の長所に気づき、その長所を伸ばそうと意欲がわくもの。謙遜せずに受け取ることも自分の自信へとつながります。

ほめられたときの受け取り方

お礼と気持ちを伝える

ほめられたときは「いいえ」ではなく、お礼の言葉で返して。「嬉しいです」など気持ちを添えると◎。

ほめられたことを書きとめる

ほめられたらノートに書きとめておきましょう。積み上げていくと自信につながります。

北原さんの書類は
いつもとっても
見やすいわ
ありがとう
ございます！

夢をかなえる❶ 時間管理術

タイムマネジメントで夢に向かう時間をつくる

時間を有効に使えば、仕事のクオリティが上がり、プライベートも充実させることができます。理想のワーク・ライフ・バランスは人それぞれ。まずは自分の現状と理想のギャップを把握するところから始めて。予定を上手に管理して、夢をかなえるための時間をとれるよう意識しましょう。

ワーク・ライフ・バランス

下記のリストを参考に、「理想の働き方」「理想のプライベート」を書き出し、問題点を見つけて。

ワーク

- 仕事が安定していて、経済的に自立できている。
- 自分のライフステージに合った働き方ができている。
- 子育てや介護に理解や支援のある職場だ。
- 仕事にやりがいや生きがいを感じている。

ライフ

- 身近に親しい友人がいて、交流の機会がある。
- 趣味、勉強、習い事など、継続しているものがある。
- 週５回は家族と食事をしている。
- 将来のライフプランについて考える時間がある。

ワーク・ライフ・バランスを実践するには

残業が多い人は、タイムマネジメントをして効率よく仕事をするよう心がけて。残業を見込んでスケジュールを立てず、時間内に終わらせると意識することが大切です。

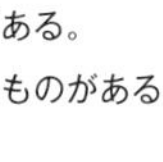

仕事で使える！　簡単タイムマネジメント

1週間の仕事をマネジメントし、夢のための時間を捻出しましょう。

❶アポイントのある仕事を固定

会議や訪問など、日時が決まっている仕事は固定して手帳に書き込む。

↓

❷タスク（仕事）を割り出す

期限はあるものの、時間を選ばないタスクを書き出す。「プレゼン準備」など、長くかかる仕事は「下調べ」「資料作成」など細分化を。

↓

❸タスクを1週間に割り振る

アポイント以外の時間を活用して、タスクを割り振っていく。緊急の用件や仕事を頼まれることもあるため、持ち時間の80%程度を埋めて。

1（月）	2（火）	3（水）
9 朝礼	9	9
10	10	10
11	11 A社訪問	11
12	12	12
13 プレゼン打ち合わせ	13	13
14	14	14
15	15	15 グループ会議
16	16	16
17	17	17
18	18	18
19	19	19 英会話レッスン
20	20	20
データ下調べ 関連資料集め	資料たたき台作成	パワーポイント作成

プライベートの予定も一緒に管理すると、スキマ時間も活用しやすくなります。

タスクは付せんに書き、状況によって動かすことで、タスクの進捗状況を確認しやすくなります。

夢をかなえる❷ 手帳術

ワンランク上の手帳術で着実に夢に近づく！

手帳はタイムマネジメントに必要不可欠ですが、使いこなせば夢をかなえるパートナーにもなります。少しの時間でも、自分の行動を記録したり、夢や目標を書き出して意識したりする時間を持ちましょう。定期的に手帳を見直すことで、達成感や自分の成長を感じることもできるはずです。

手帳の選び方

打ち合わせや訪問が多い人は時間が細かく刻まれているバーチカルタイプがおすすめ。オフィスワーク中心の人はマンスリータイプが便利です。また、手帳と一緒に購入したいのが付せん。不確定な予定や毎月ある予定は付せんに書いて貼れば、何度も書き直す必要がありません。

付せんは手帳の表紙の裏に貼っておくと便利！

手帳で夢をかなえる！

アファメーション（↓P171）と同様、「理想の未来」や「自分のなりたい像」を繰り返し手帳に書いていると、それが潜在意識に刷り込まれ、自分の行動に変化をもたらしたり、実現に必要な情報に気づくようになるなど、チャンスをつかみやすくなります。具体的かつ簡潔な言葉で書くのがおすすめです。

手帳カスタマイズ❶ ライフログ

ライフログとは、自分の行動、考えたことなどの記録。時々見返すことで、自分の成長を実感したり、自分自身を客観的に理解できます。

本の帯などを貼ると見た目もカラフルに

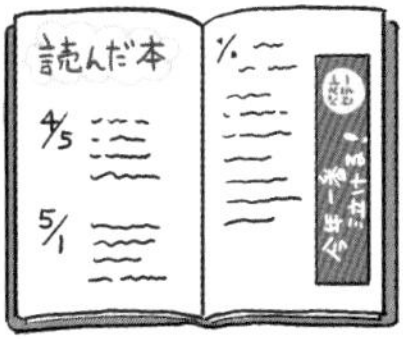

読んだ本、鑑賞した映画を記録

同じ本や映画でも、以前読んだときと感想が違っていると、自分の変化や成長に気づけます。

悩んだときの記録も後々成長を実感できる！

改善ポイントを記録

うまくいかなかったことは改善ポイントと一緒に記録して。自分の経験を知識として生かせます。

手帳カスタマイズ❷ 目標管理

夢や目標はいつも見えるところに置いて意識しましょう。行動プランを実行しやすくなり、進行状況も把握できます。

「やりたいこと」「やめたいこと」も記入すると◎

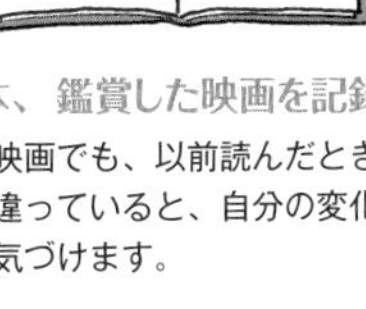

目標はいつも見えるところに

付せんに目標を書いて、週ごとや月ごとに使っているページに移動させて。いつも目標が目に入ることで意識が高まります。

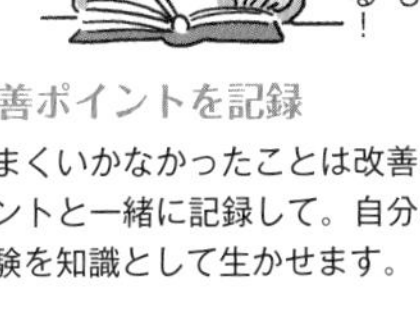

達成した目標はチェック

かなった夢や目標には日付を入れてマーカーでチェックを。達成感を味わうことで、自分の自信につながります。

コラム　夢をかなえるノートづくり

手帳の他に、自分の目的に合ったノートをつくってみましょう。自分の考えがまとまると行動も変わってきます。

✳試験合格ノート

円グラフで、勉強する時間を「見える化」。通勤やランチの間にあるスキマ時間も確認し、何分くらい勉強に当てられそうか記入しておきましょう。

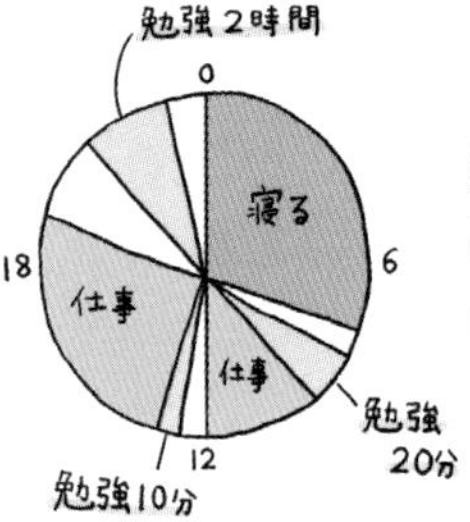

別のページに、勉強した時間や量を毎日記入し進捗の振り返りを

追加したり、消したりしてリストは常に更新を

✳婚活成功ノート

結婚したいと思う相手のイメージを具体的に書き出してみて。客観的にすることで、理想の男性との出会いに気づきやすくなるかも。

✳アファメーションノート

アファメーションの方法（→P171）で、「理想の自分」「理想の環境」「ほしいものリスト」「会いたい人リスト」を書き出して。潜在意識に働きかけることができます。

たくさん書き出してOK!

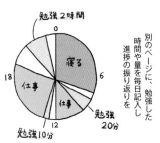

✳マインドマップ

マインドマップとは、ノートの取り方のひとつ。アイディアがまとまらないときや、イメージを自由に広げたいときに、短時間で頭の中の考えを整理し、「見える化」することができます。

書き方

❶ 中心に絵でテーマやトピックを描く（3色以上色を使って）。

❷ 絵から放射線状に太い枝を広げて、テーマから連想されるキーワードを書く。

❸ 次々に枝を分岐させ、思いついた言葉やアイディアを書いていく。

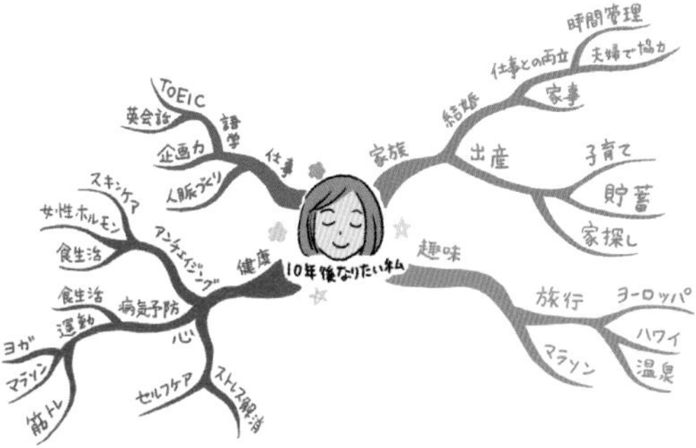

色を使ったり、絵を入れたりして美しく仕上げると◎

こんなことに使える！

- 講義の内容をまとめる
- プレゼンテーションの準備
- 新商品の企画
- マニュアル作成
- ブレイン・ストーミング
- 夢や目標の整理

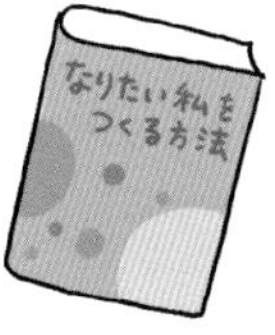

本の内容をマインドマップでまとめると後で思い出しやすい！

夢をかなえる❸ マネー術

かかるお金を把握して夢をより具体的に

夢をかなえるために、お金は欠かせないもの。将来のライフイベントにかかるお金を把握し、計画的に貯蓄や投資ができれば夢へも着実に近づけるでしょう。結婚や出産、子育てなどのライフイベントも、マネープランを立てることで、より具体的なイメージができるようになります。

ライフイベントにかかるお金

将来にかかるお金を知れば、夢もより具体的に。

結婚

約 571 万円

婚約指輪	32 万円
結婚指輪	22 万円
挙式・披露宴	344 万円
新婚旅行	55 万円
新生活準備	118 万円

出産

約 76 万円

入院・分娩費用	47 万円
出産準備品購入	15 万円
内祝い費用	14 万円

※健康保険や国民健康保険から出産一時金 42 万円が支給されます。

子どもの教育費

すべて公立：約 790 万円

すべて私立：約 2,230 万円

（幼稚園から大学まで）

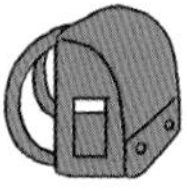

老後の生活費

約 22 ～ 37 万円／月

（夫婦 2 人分）

貯蓄を増やして将来に備えよう

保険を見直し、貯蓄を増やして様々なリスクに備えましょう。

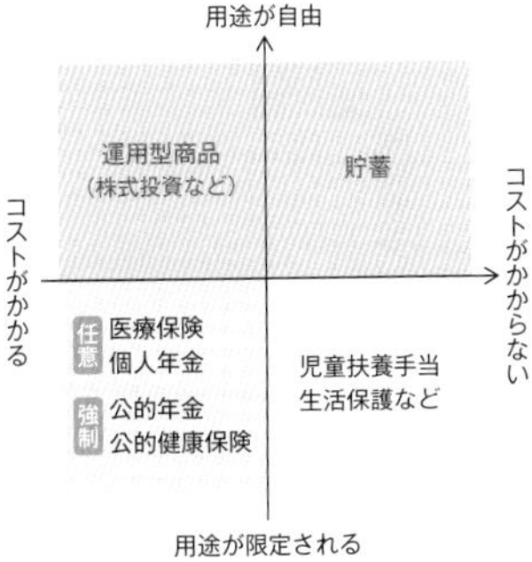

保険より貯蓄を増やす

保険に頼りすぎると、緊急で必要な資金が不足することも。独身ならシンプルな医療保障を選び※、その分貯蓄にまわして。

掛け捨ての保険で差額を貯蓄

積み立て型の保険は保険料が高くなりがち。資産形成を考えるなら、保険料の安い掛け捨て型を選び、差額を貯蓄するのが効率的です。

ライフプランをたてよう

将来の大きなお金の動きを把握すると、人生設計もしやすくなります。

	2022	2023	2024	2025	2026	2027	2028	2029
私	28歳	29歳	30歳	31歳	32歳	33歳	34歳	35歳
夫			32歳	33歳	34歳	35歳	36歳	37歳
子ども					0歳	1歳	2歳	3歳
イベント 夢	海外旅行		結婚		出産			保育園入園
費用	20万円		500万円		20万円			20万円

自分や家族の名前・年齢を書き込み、20 ～ 30年のスパンでかなえたい夢やイベントと、かかる費用を記入します。色を使ったり写真や絵などを入れるとイメージしやすくなり、夢を実現させる意欲がアップします。

※家庭の状況やライフステージによって必要な保険は異なるため、中立の立場のファイナンシャルプランナーに相談するのもおすすめです。

コラム　心と体のアンチエイジング

夢をかなえるためには、健康な心と体はかかせないもの。年代に合わせてケアしていきましょう。

＊年代別・女性の健康キープのポイント

	体の変化	健康キープのポイント
20〜26歳	ホルモンバランスや月経リズムが安定する時期。ただ、就職や1人暮らし、結婚など、生活環境の変化も多いので、ストレスから自律神経のバランスを崩すことも。	**出産に備える** ・女性ホルモンケア（→ P78 〜） ・冷えとり（→ P147） ・基礎体温をつける ・やせすぎない ・規則正しい生活習慣 ・心のセルフケア（→ P144 〜）
27〜34歳	妊娠、出産の適齢期。仕事も充実している時期ですが、無理は禁物。睡眠不足や不規則な生活を続けると女性ホルモンが減少し、更年期と似た症状が出ることも。	**婦人科系の病気の早期発見** ・不調を放置しない ・定期検診（乳がん、子宮頸がん、卵巣がん）を受ける ・かかりつけの医師を持つ
35〜44歳	女性ホルモンが少しずつ減り始める時期。30代後半から月経周期が不安定になる人も。基礎代謝も落ち、やせにくくなったり、小ジワや白髪も出始める。	**更年期に向けて対策を** ・各種がん検診を受ける ・月経周期、基礎体温を記録（更年期に入ったときに変化を比べるため）
45〜60歳	50歳ごろ閉経を迎え、その前後5年が更年期といわれる時期。心身ともに様々な不調が起きやすい。	**更年期対策＆生活習慣病予防** ・ストレスケア ・定期検診、ホルモン値測定

✳心が老けない習慣

いつも「新人」でいる

年齢にかかわらず、いつも「新人」として新しい趣味や勉強をしていれば、マンネリの日常から解放され、いきいきした生活に。

思いっきり笑う・泣く・怒る

笑うことは人生を楽しむだけでなく、健康を保ち、長生きにもつながります。感情は我慢せず外に出すことで、気持ちの切り替えに。

日常的に運動する

軽い運動でも日常的に行えば、若さと心の健康にプラスの効果が。エスカレーターより階段を使うなど、ちょっとした意識を持って。

ときめきを持つ

恋愛をしたり、ワクワクする気持ちを持つことは、ポジティブな思考を生みます。心身ともにアンチエイジング効果あり。

楽しい予定を立てる

旅行や食事など楽しい予定があると、それに向かって頑張ろうという気持ちになり、生活にメリハリが生まれます。

楽観的に考える

若いときの自分と比べてネガティブに考えてしまうことが心の老化の大きな原因。心のセルフケア（→ P144 ～）で落ち着かせて。

1年後
私の生活も変わったなー
6:00
朝もスッキリ起きれるし
お弁当できたー
スキマ時間も活用できるようになった
通勤中
栄養
昼食後
仕事も充実してるし
はい営業部です あっ北原さん？
夢へも一歩ずつ進んでる感じ
調理学校
そうそう その調子

休日
お久しぶりー メールありがとう
もうすっかり ママの顔ですね
本社に戻ってすぐ妊娠されたって 聞いてびっくりでしたよー
もう毎日が戦いよ
出産してから みんなにも 会ってなくて
CURRY
香のカレーも 久しぶりだわー
ガチャ
晴美さん！ ご出産 おめでとうございます～！

みんな!!
ありがとう!
あなた
ラグビーじゃ
なかったの?
サプライズ
だからさ
あら?美穂さん
そのお腹…?
あれから結婚したんです
アロマ教室も準備中で…
北原さんは
すっかり国際部の顔ね
これからアメリカに飛ぶんです
私も実は…
来年結婚することに
なりました!
ゆかりが
学校卒業したら
結婚式の予定です
えー!!!

もうみんなまぶしすぎて
私のお祝いどころじゃないわね
私も次は
スリランカに
行こうかしら
えっ
こら
あなたは
まだだめよ
バブー
もう少し大きくなったら
3人で食べましょうね
ゆかりさん！ コロッケの
つくり方教えてもらえる？
もちろん！
香さん
キッチン借りて
いいですか？
夢って
小さな習慣を
変えるだけでも
近づけるんですね
みんなキラキラ
してるわね～
これからもっと
なりたい自分になるぞー!!
おかわりいるー？
おっ うまそー

［監修（第４章）］根本 裕幸
カウンセラー／講師／作家。恋愛や結婚などの男女関係、対人関係やビジネス心理、家族関係、正確改善など幅広いジャンルを得意とし、わかりやすい切り口での問題解決のプロセスを提案している。著書に『本当に愛されてるの？』『「女子校育ち」のための恋愛講座』『こころ がちょっぴり満ち足りる50のヒント』（すばる舎））、『いちいち悩まない１分で心がラクになる心理学』（リベラル社）などがある。オフィシャルブログ https://nemotohiroyuki.jp/

［参考文献］
いつもハッピー！スッキリ朝とゆったり夜（PHP研究所）／感情の整理ができる女は、うまくいく（PHP研究所）／素肌美人になれる 正しいスキンケア事典（高橋書店）／香水の教科書（学研パブリッシング）／女性の不調解消バイブル（日経BP社）／できる大人のモノの言い方大全（青春出版社）／心をギュッとつかむ話し方入門（かんき出版）／話し方のマナーとコツ（学習研究社）／夢は宣言すると叶う（中経出版）他

イラスト　中西恵里子
装丁デザイン　大前浩之（オオマエデザイン）
本文デザイン　尾本卓弥（リベラル社）
編集　安田卓馬（リベラル社）
編集人　伊藤光恵（リベラル社）
営業　津田滋春（リベラル社）
制作・営業コーディネーター　仲野進（リベラル社）

編集部　近藤碧・鈴木ひろみ
営業部　津村卓・澤順二・廣田修・青木ちはる・竹本健志・春日井ゆき恵・持丸孝・榊原和雄

※本書は2013年に小社より発刊した『なりたい私をつくる！ キラキラ習慣』を文庫化したものです。

オトナ女子のなりたい私をつくる習慣

2022年2月23日　初版

編　集　リベラル社
発行者　隅田　直樹
発行所　株式会社 リベラル社
〒460-0008　名古屋市中区栄3-7-9　新鏡栄ビル8F
TEL 052-261-9101　FAX 052-261-9134　http://liberalsya.com
発　売　株式会社 星雲社（共同出版社・流通責任出版社）
〒112-0005　東京都文京区水道1-3-30
TEL 03-3868-3275

　ISBN978-4-434-29866-0　C0177